초등학생을 위한 박학다식 이야기 과학

글 - 윤용석

한국교원대학교 화학교육과를 졸업하고 같은 대학교 대학원에서 석사 학위를 받았습니다. 다수의 초·중등용 과학 콘텐츠를 기획하고 개발했습니다. 개발한 콘텐츠로는 〈눈높이 과학〉, 〈초등과학 개념사전〉, 〈와이즈만 과학사전〉, 〈창의탐구력 과학 1031〉, 〈메가 사고력 과학〉, 〈꿀잼교과서 과학〉, 〈한 권으로 끝내는 교과서 실험관찰〉, 〈용선생의 시끌벅적 과학교실〉 외 다수의 초·중·고 관련 학습서가 있습니다.

감수 - 황신영

이화여자대학교 과학교육과를 졸업하고, 동대학원에서 박사 학위를 받았습니다. 현재 이화여자대학교 사범대학부설 영재교육원에 근무하고 있습니다. 그동안 쓴 책으로 〈멘델이 들려주는 유전 이야기〉, 〈윌머트가 들려주는 복제 이야기〉, 〈초등과학 개념사전〉 등이 있으며, 번역한 책으로는 〈천재들의 과학노트: 과학사 밖으로 뛰쳐나온 생물학자들〉, 〈현대 과학의 이정표〉가 있습니다.

〈초등학생을 위한 박학다식 이야기〉과학은 물질, 생명, 지구와 우주, 에너지 등 다양한 과학 주제를 모아 구성한 책입니다. 이 책을 읽다 보면 과학적 소양은 물론, 학교에서 배우는 과학 개념까지 자연스럽게 익히게 될 것입니다. 또한 글에 포함된 다양한 단어의 뜻과 교과서의 탐구 내용을 통해 문해력과 사고력이 쑥쑥 자라는 것을 경험할 수 있을 것입니다. 이 책을 통해 호기심 가득한 우리 초등학생들이 멋진 과학 여행을 떠나 보기 바랍니다.

- 감수자 황신영

머리말

여러분은 하루 중 가장 많이 하는 생각이 무엇인가요?
사랑하는 가족, 가장 친한 친구, 집에 사다 놓은 아이스크림 등 여러분들을 즐겁게 만드는 생각들이 있지 않나요? 반대로 하지 못한 숙제, 친구와 다툰 일처럼 마음에 돌덩이 같은 생각도 있을 거예요.

앞서 말한 사랑하는 가족, 친한 친구, 아이스크림은 생각만 해도 기분이 좋아지는 힘을 가지고 있어요. 생각은 땅에 심는 씨앗과 같아서 좋은 생각을 심으면 심을수록 좋은 생각이 자라고 부정적인 생각을 하면 할수록 부정적인 생각이 자라요.
실제로 사람은 하루에 6만 가지 생각을 한다고 해요. 사람이 6만 가지 생각을 한다니! 정말 놀라운 숫자인 것 같습니다.

그렇다면 자라나는 우리 아이들이 어떤 생각을 하면 좋을까요?

좋은생각은 생각했어요.
읽기만 해도 똑똑해지는 지식 교양서가 없을까?
재미있는 이야기와 함께 지식을 늘릴 수는 없을까?
재미있고, 감동이 있으며 생각을 한 번쯤 하게 만드는 멋진 지식

교양서가 있다면 좋을 텐데.
　아이들이 마음껏 읽고 탐구하고 생각할 수 있는 어린이 책이 있다면 호기심 많은 어린이들은 더 행복한 생각의 열매를 맺을 수 있을 텐데.

　그래서 '초등학생을 위한 박학다식 이야기' 초박이가 탄생했습니다.
　호기심이 생기는 재미있는 글을 읽으면서 독서의 힘을 기르고, 확장된 개념으로 교과 연계 주제를 탐구하며, 키워드 질문을 통해 다양하게 융합적으로 생각하게 하는 구조로 이루어진 책이에요.

　지식의 씨앗을 뿌려주는 "읽기의 힘"
　교과 학습도 놓치지 않는 "탐구의 힘"
　깊이 있게 사고 할 수 있도록 퀴즈 형식의 "생각의 힘"

　어린이들에게 읽으면 읽을수록 생각과 지식의 한계가 확장되는 책을 선물하고자 합니다.
　초박이를 읽고 호기심 가득한 세상의 어린이들이 무한한 생각과 지식의 바다를 여행하길 바랍니다.

2024년 좋은생각

차 례

01 첨단 기술로도 막을 수 없는 재난, 지진 • 10
#재난 #지진 #지진대

02 야생 동물의 효과적인 겨울나기 • 16
#겨울잠 #추위 #보호

03 열을 빼앗아 차가워지는 원리 • 22
#냉장고 #냉각 #대류

04 한밤의 서리와 아침 이슬 • 28
#수증기 #서리 #이슬

05 달의 땅에도 주인이 있을까? • 34
#달 #탐사 #협정

06 동식물의 다양한 자기 보호 • 40
#냄새 #독 #보호색

| 07 | 이 세상에서 가장 아름다운 소리 | • 46 |

#목소리 #녹음 #환청

| 08 | 아기가 칭얼대면 비가 온다? | • 52 |

#비 #속담 #습도

| 09 | 별 이름 붙이기 | • 58 |

#천체 #행성 #별

| 10 | 레오나르도 다빈치의 콘택트렌즈 | • 64 |

#콘택트렌즈 #시력 #교정

| 11 | 세균학의 아버지 | • 70 |

#코흐 #탄저병 #결핵

| 12 | 쓰임새가 많은 거미 | • 76 |

#거미 #점액 #거미줄

| 13 | 숯에 담긴 옛 어른의 지혜 | • 82 |

#숯 #미생물 #정화

| 14 | 바닷물이 파랗게 보이는 까닭은? | • 88 |

#해역 #반사 #박테리아

| 15 | 가장 오래된 소리 없는 언어 | • 94 |

#냄새 #의사 교환 #동물

| 16 | 3일은 춥고 4일은 따뜻하다? | • 100 |

#삼한사온 #응결 #증발

| 17 | 위아래로 움직이는 고속도로 | • 106 |

#엘리베이터 #빌딩 #오티스

| 18 | 대폭발로 팽창하는 우주 | • 112 |

#빅뱅 이론 #대폭발 #팽창

| 19 | 생명을 가진 지구 | • 118 |

#온실 효과 #자정 #자생

20 보호해야 할 두 얼굴의 야누스 • 124
#오존 #성층권 #공해

21 우연한 발견, 유리 • 130
#유리 #강화유리 #셀룰로이드

22 제4의 물질 상태, 플라스마 • 136
#플라스마 #형광등 #네온사인

23 우유 맛을 변하게 하는 전기 현상 • 142
#번개 #벼락 #피뢰침

24 찰흙 속의 은 • 148
#알루미늄 #홀 #혼합물

25 에디슨 보다 한발 앞선 과학자, 니콜라 테슬라 • 154
#테슬라 #교류 전기 #인공 번개

부록 문해력의 시작, 어휘력

첨단 기술로도
막을 수 없는 재난, 지진

　세상에는 첨단 기술로도 막을 수 없는 일들이 있어요. 우리는 그것을 **천재지변**이라고 부르는데, 인류가 지구상에 살기 시작했을 때부터 지금까지 우리는 이 자연의 순리 앞에 번번이 무릎을 꿇고 말았어요.

　2023년에 발생한 튀르키예·시리아 대지진에 의해 많은 건물이 무너지면서 순식간에 17만 명 이상의 사상자가 발생했어요. 특히 미국의 캘리포니아와 일본, 필리핀, 뉴질랜드까지 이어지는 **환태평양 지진대**는 지구상 대부분의 주요 지진이 발생하는 지역이에요. 일본의 경우 1923년 관동 대지진, 2011년 동일본 대지진 같은 큰 지진이 언제든 일어날 수 있는 지역이어서 항상 지진에 대비하고 있어요.

지진은 왜 일어나는 것일까요? 지구의 안쪽 깊숙한 곳에는 서로 다른 땅 조각이 매우 느린 속도로 일정하게 이동하는데, **서로 부딪치게 되면 땅이 흔들려요. 이것이 바로 지진**이에요. 우리나라에서 지진이 관측된 횟수는 1990년대 후반부터 급격히 증가했어요. 지진 감시 시설이 늘어나고 관측 장비와 기술이 발달하면서 아주 작은 지진까지 감지하게 되었기 때문이에요.

'**문헌비고**', '삼국사기', '조선왕조실록' 등 여러 역사책을 보면 과거 우리나라에서 일어난 지진을 확인할 수 있어요. 그중 가장 큰 피해 기록은 신라 혜공왕 15년에 발생한 지진으로 1백여 명이 목숨을 잃었다고 전해져요.

당시 사람들은 임금이나 고을 수령이 백성을 잘 다스리지 못하면 하늘에서 벌을 내려 지진이 일어난다고 믿었어요. 그래서 지진이 일어나면 감옥에 갇힌 사람들을 내보내는 등 **선심**을 베풀었다고 해요.

옛날부터 동물이 사람보다 지진을 먼저 느낀다고 알려져 있어요. 고대 유럽의 일부 지역에서는 지진을 일으키는 신인 포세이돈이 황소의 신이라고 믿어 황소가 하늘을 바라보고 울면 지진이 일어난다고 믿었어요. 중국에서는 거북이 이 세상의 땅을 받치고 있다고 여겨 거북들이 떼를 지어 좌우로 갸우뚱거리며 물에서 나오면 지진이 일어난다고 생각했어요.

한편 일본에서는 땅속에 있는 메기가 지진을 일으킨다는 미신 때문에, 관동 대지진이 일어나기 전날 물고기 학자들이 지진 직전 메기들의 움직임을 조사하기도 했다고 해요. 우리나라에서는 잉어가 지진을 예상하는 것으로 알려져 있어요. 하지만 과학자들의 연구에 의하면 이런 동물들의 특이한 행동과 지진은 실제로 큰 연관이 없다고 해요.

과학이 발전하고 있지만 지진은 발생 원인이 워낙 다양하기 때문에 인간이 예

메기를 소재로 그린 일본 나마즈에

지진에 의해 부서진 건물

측하기에는 한계가 있는 자연 현상이에요. 따라서 평소에도 지진에 대비하고, 지진이 발생했을 때 어떻게 행동해야 하는지 알아 두는 것이 중요해요.

문해력 UP

- **천재지변** : 지진, 홍수 등과 같은 자연의 급격한 변화로 인해 지구에 닥친 재앙
  유의어 재난
- **환태평양 지진대** : 태평양을 고리(환) 모양으로 둘러싼 곳으로, 지진이 자주 일어나는 지역
- **문헌비고** : 조선 영조 때 제도와 문물을 16개 분야로 나누어 연대순으로 정리한 백과사전과 같은 책
- **선심** : 선량한 마음 반의어 악심

관련교과	과학 4학년
개념명	지진

지진은 어떻게 발생할까요?

지진은 왜 일어날까요? 지구 표면은 암석으로 이루어져 있어 단단해 보이지만 지구 내부에서 발생한 커다란 힘 때문에 모양이 변하거나 끊어질 수 있어요. 이때 **지구 표면의 암석이 끊어지면서 땅이 흔들리는 현상을 지진**이라고 해요.

지진의 세기는 주로 '규모'와 '진도'라는 척도로 표현해요. 규모는 지진이 일어날 때 내보내는 에너지의 양이고, 진도는 지진 때문에 발생한 영향을 나타내지요. 따라서 지진이 발생했을 때 규모는 지역에 관계없이 똑같지만 진도는 다를 수 있어요.

지진이 발생하면 크고 작은 피해가 생겨요. 하지만 지진 대비 정도, 지진 경보 시기 등 여러 가지 요인에 의해 피해 정도가 달라질 수 있어요.

지진은 어느 지역에서 발생하나요?

세계 지도에서 지진이 발생하는 지역을 표시해 선으로 연결해 보면 지진 발생은 특정 지역에 집중되어 있어요. 이렇게 지진이 자주 발생하는 지역을 **지진대**라고 하는데, 대표적으로 태평양 주변 지역인 환태평양 지진대가 있어요. 일본, 인도네시아, 인도, 이란, 남아메리카 등이 지진대에 있는 나라들이에요. 그리고 화산이 자주 발

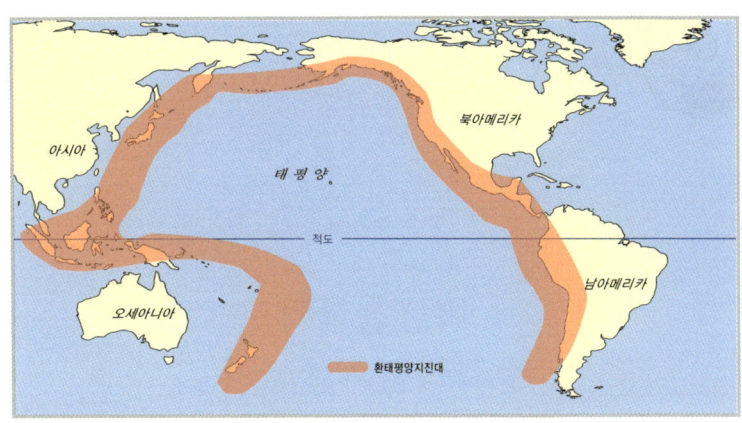

환태평양 지진대

생하는 지역을 **화산대**라고 해요. **지진대와 화산대를 비교해 보면 거의 일치**하는데, 이것은 화산 활동과 지진 모두 힘이 집중되는 부분에서 발생하기 때문이에요.

뉴스에서 규모 3 등으로 말하는 것을 들었죠? 단지 숫자 3인데 피해 규모는 왜 이렇게 차이가 날까요? 규모는 지진이 일어날 때 나오는 에너지의 양을 나타내는 것으로 지진 자체의 세기를 뜻해요. 규모는 소수점 아래 첫째 자리까지 아라비아 숫자로 표현하며 규모의 숫자가 클수록 더 큰 지진을 뜻해요. 리히터 규모가 1.0 커지면 땅의 흔들림은 10배 커진다고 해요. 리히터 규모가 8 정도일 때 대부분의 건물이 파괴되는데, 이때 나오는 에너지는 핵폭탄이 터지는 위력과 맞먹는다고 해요.

> 미국의 지질학자인 찰스 리히터가 처음 지진 척도를 제안했기 때문에 리히터 규모라고 해요.

야생 동물의 효과적인 겨울나기

한겨울의 추위를 좋아하는 사람은 거의 없어요. 외출할 때면 추위를 견디기 위해 옷을 잔뜩 껴입고 그것도 모자라 목도리를 칭칭 두르고 털모자, 장갑까지 챙기지요. 또 실내에서는 따뜻하게 지내기 위해 난방 기구를 이용해요. 그렇다면 **야생 동물**들은 추운 겨울을 어떻게 지낼까요?

야생 동물들은 겨울이 되면 에너지를 최대한 아끼려고 해요. 눈과 얼음이 대부분인 겨울에는 물을 얻기가 어렵고, 추위 때문에 먹이를 구하기가 쉽지 않아요. 그래서 어떤 동물들은 움직이지 않는 방법으로 몸의 에너지를 절약하고 체온도 낮추어 환경에 적응해요. 또 **어떤 동물은 겨울 동안 깊은 잠을 자기도 하는데**, 이를 **겨울잠**이라고 해요.

겨울잠을 자는 대표적인 동물인 박쥐는 가을에 일찌감치 동굴이나 나무 구멍으로 서식처를 옮겨 겨울을 보낼 준비를 해요. 체온을 천천히 영하에 가까운 상태로 낮추어 겨울잠을 자요. 겉보기엔 죽은 것 같지만 가끔 한두 시간씩 잠에서 깨어나 덜 추운 곳으로 자리를 옮기기도 해요.

겨울잠을 자는 고슴도치의 몸에서는 신기한 변화가 생겨요. 가시가 난 등 쪽 피부의 지방층이 두꺼워져 전기담요와 같은 역할을 하거든요. 맥박은 1분당 평균 188회에서 21회로 떨어지고, 호흡수는 1분에 40~50회에서 2~5회로 줄어들어

겨울잠을 자는 박쥐

요. 체온은 외부 온도보다 약간 높은 상태를 유지하며 겨울잠을 자요.

　겨울잠을 자는 동물로 잘 알려진 곰은 실제로 고슴도치나 박쥐처럼 깊은 잠을 자지는 않아요. 왜냐하면 곰은 저장한 것에 비해 에너지를 적게 소비하고 체온이 29℃ 아래로 떨어지지 않기 때문에 에너지를 크게 절약하지 않아도 겨울을 날 수 있거든요. 다만 추위를 피해 굴이나 커다란 나무 구멍으로 들어가 가을 동안 몸속에 저장해 놓은 양분을 조금씩 쓰며 지내요. 그리고 암컷 곰은 긴 겨울 동안 새끼를 낳아 기르게 되지요.

겨울잠을 자는 고슴도치

　포유류 가운데 겨울잠을 자지 않는 동물들은 어떻게 지낼까요? 집쥐나 들쥐 등 몸집이 작은 포유류는 눈을 담요처럼 둘러싸서 외부에 체온을 빼앗기는 것을 막아요. 눈은 같은 부피의 물보다 가볍고 공기를 많이 포함하고 있어서 보온 효과가 있으며 공기를 잘 통하게 하거든요. 눈 속으로 깊게 파고들면 눈 위보다 더 따뜻하게 보낼 수 있어요. 또 이들은 **가을에 저장한 나무 열매 등 식물성 먹이를 먹으며 활동을** 하지요.

한편 겨울잠을 자는 동물들은 날이 따뜻해지면 천천히 잠에서 깨어나 원래의 상태로 돌아가는 데 1시간 이상이 걸린다고 해요. 느려진 숨을 차츰 빠르게 쉬고 혈액 순환과 심장의 움직임이 다시 활발해지기까지 약간의 시간이 필요하거든요.

문해력 UP

- **야생 동물**: 산이나 들에서 저절로 나서 자라는 동물 반의어 가축
- **서식처**: 동물이 보금자리를 만들어 사는 곳 유의어 서식지
- **포유류**: 소, 개, 사슴, 사자처럼 새끼를 낳고 젖을 먹여 키우는 동물 유의어 젖먹이동물

관련교과	과학 5학년
개념명	비생물 요소가 생물에 미치는 영향

🔍 생물에게 영향을 미치는 비생물 요소에는 어떤 것이 있을까요?

우리 주변에는 동물과 식물처럼 살아 있는 것도 있고 공기, 햇빛, 물, 흙과 같이 살아 있지 않은 것도 있어요. 살아 있는 것은 생물 요소라고 하고, 살아 있지 않은 것은 비생물 요소라고 해요.

생물의 생활은 비생물 요소인 햇빛, 물, 온도 등의 영향을 받아요. 햇빛은 식물이 양분을 만드는 데 필요하며, 동물의 번식 시기에도 영향을 줘요. 물은 생물이 생명을 유지하는 데 반드시 필요해요. 그래서 물이 부족한 사막에 사는 선인장과 낙타는 물이 적어도 살아갈 수 있게 적응했어요.

🔍 온도가 동물과 식물에게 미치는 영향은 무엇일까요?

온도는 생물의 생활에 많은 영향을 줘요. 식물은 적절한 온도가 되어야 꽃을 피우고, 동물은 계절이 바뀔 때 털갈이를 하기도 하지요. 또는 먹이를 구하거나 새끼를 기르기에 적절한 장소를 찾아 먼 거리를 이동해요. 이처럼 알을 낳거나 겨울을 나기 위해 계절에 따라 서식지를 이동하는 새를 철새라고 해요. 우리나라에서 여름을 나는 철새를 여름새 또는 여름 철새라 하고, 겨울을 나는 철새를 겨울새 또는 겨울 철새라고 해요. 철새는 먹잇감이 풍부하고 온도가 알맞은 곳으로 서식지를 정하는데, 우리나라에는 대표적으로 강원도 철원과 속초, 전라도 순천만 등에 다양한 철새가 찾아와요.

　야생 동물이 겨울을 나기 위해서 겨울잠을 자는 것도 온도와 관련이 있어요. 겨울잠은 동물이 생명 활동을 거의 중지한 상태로 겨울을 지내는 현상이에요. 일반적으로 박쥐, 고슴도치, 다람쥐, 곰과 같은 체온이 항상 일정한 동물이 겨울에 거의 움직이지 않고 지내는 상태를 말하지만, 넓은 의미로 개구리, 뱀, 곤충 등과 같은 체온이 변하는 동물의 겨울나기도 포함되어요.

　겨울에는 땅이 얼고 온도가 내려가기 때문에 식물이 겨울을 나기 힘들어요. 그래서 한해살이 식물은 씨를 남기고 죽고, 여러해살이 식물은 땅 위에 있는 줄기가 말라죽지 않고 겨울을 버텨내요.

　생물이 생활하는 데 가장 중요한 비생물 요소는 무엇일까요? 바로 물이에요. 물은 생물의 몸을 구성하는 성분 중에서 가장 많은 양을 차지하며, 생물은 물이 부족하면 살 수 없어요. 물은 동물의 체온을 유지하고 몸속으로 들어온 양분을 녹여 소화를 돕거나 각종 양분을 운반하고 노폐물을 배출하는 것을 돕지요. 식물도 살아가는 데 반드시 물이 필요해요. 물이 없다면 식물은 양분을 만들 수 없어 죽게 되고, 물이 부족하면 잎이 시들거나 자라지 못하고, 낙엽이 지는 현상이 나타나지요.

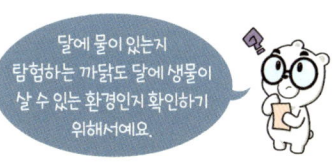

열을 빼앗아
차가워지는 원리

　우리가 뜨거운 한여름에도 시원한 물을 마실 수 있고, 필요하면 언제든지 얼음을 꺼내 사용할 수 있게 된 것은 모두 냉장고가 발명된 덕분이에요. 이렇게 **유용**한 냉장고를 처음 생각해 내고 특허를 받은 사람은 미국의 제이컵 퍼킨스였어요. 하지만 그는 돈이 없었기 때문에 냉장고를 상품으로 만들어서 판매하지는 못했어요. 그 뒤 스코틀랜드의 제임스 해리슨이라는 사람이 냉장고를 상품화하였어요. 인쇄 기술자로 일하던 해리슨은 퍼킨스가 고안한 냉장고 원리를 모르는 상태에서 우연히 한 가지 사실을 발견했어요. 그건 바로 **활자**를 깨끗하게 닦을 때 사용하는 에테르라는 물질이 놀랄 만큼 뛰어난 **냉각** 효과를 가졌다는 거였죠. 그는 에테르의 냉각 효과를 다른 용도로 이용할 방법을 생각하다가 스스로 냉장고를 발명해 내겠다고 다짐했어요. 그리고 몇 년간 연구하고 실험한 끝에 드디어 1862년 국제 박람회에 자신이 개발한 냉장고를 선보였어요. 이것이 **시판**된 세계 최초의 냉장고인 셈이지요.

냉장고에서 음식을 싱싱하게 보관할 수 있는 이유는 의외로 간단해요. 냉장고는 물질에서 열을 빼앗아 밖으로 내보내는 구조를 가지고 있어요. 이때 **액체가 기체 상태로 변하며 주변에서 열을 빼앗는 원리를 이용한 것이지요.** 물이나 알코올을 손등에 떨어뜨리면 손에서 열을 빼앗아 증발하기 때문에 손등이 시원하게 느껴지는 것과 같은 원리예요.

냉장고에는 여러 개의 관이 있는데, 액체가 이 관 속에 흐르다가 어느 부분에서 기체로 변해요. 이때 주변의 열을 흡수해서 냉장고 안의 온도를 낮추는 것이지요. 이렇게 기체로 변한 물질은 압축기인 **컴프레서**를 통과하며 다시 액체가 돼요.

냉장고를 열어서 가만히 살펴보면 고기나 신선한 야채를 보관하는 칸이 아래쪽에 있는 걸 볼 수 있지요. 이렇게 설계된 까닭은 열의 이동과 관련이 있어요. **따뜻한 기체는 위쪽으로 이동하고 차가운 기체는 아래쪽으로 이동하는 성질이 있는데, 이를 대류라고 해요.** 따라서 냉장고를 닫아 놨을 때 차가워진 공기가 위쪽보다 아래쪽에 많이 머물기 때문에 고기나 신선한 야채처럼 더 낮은 온도에서 보관해야 하는 것은 칸을 아래쪽에 두는 거예요.

야채를 보관하는 칸이 아래쪽에 있는 냉장고

냉장고기 발명된 후 초기에는 냉장고를 차갑게 하는 물질로 프레온 가스가 사용되었는데, 프레온 가스가 **오존층**을 파괴하는 등 환경에 나쁜 영향을 미치는 물질로 확인되자 2010년 이후에는 점차 '수소 불화 탄소'라는 물질로 바뀌었어요. 하지만 수소 불화 탄소도 지구의 기후 변화에 많은 영향을 미치는 것으로 확인되면서 사용량을 점차 줄이고 있어요.

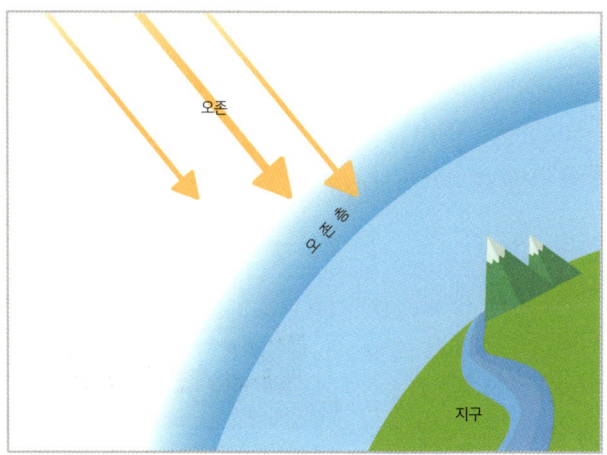

지구를 보호하는 오존층

문해력 UP

- **유용** : 쓸모가 있음 유의어 소용 반의어 무용
- **활자** : 네모 기둥 모양의 금속 윗면에 문자나 기호를 볼록 튀어나오게 새긴 것 유의어 문자
- **냉각** : 식혀서 차게 함 반의어 가열
- **시판** : '시중 판매'를 줄여서 사용하는 말 유의어 판매
- **컴프레서** : 공기나 그 밖의 기체를 압축하는 기계 유의어 공기 압축기
- **오존층** : 태양에서 오는 해로운 빛을 막는 성질이 있는 오존이라는 기체가 많이 있는 공기층

관련교과	과학 5학년
개념명	온도와 열

대류란 무엇인가요?

대류는 가열된 액체나 기체가 직접 움직이면서 열이 이동하는 방법을 말해요. 액체인 물이나 기체인 공기가 따뜻해지면 부피가 커져요. 부피가 커진 액체와 기체는 상대적으로 가벼워져서 위로 올라가지요. 그리고 그 주변에 있던 온도가 낮은 액체와 기체가 아래로 내려가는 과정이 반복돼요. **이처럼 물질이 직접 움직이면서 열을 전달하는 방법을 대류라고 해요.**

주전자 안에서 일어나는 액체의 대류

방 안에 난로를 켜 두면 방 전체가 따뜻해지는 까닭은 무엇인가요?

따뜻한 기체가 위로 올라가면서 열을 전달하고, 위쪽의 차가운 기체는 아래로 내려오며 공기는 계속 순환하게 돼요. 따라서 겨울날 거실 한쪽에 난로를 켜 두면 **따뜻한 공기는 주위 공기보다 가벼워서 위로 올라가고, 차가운 공기는 무거워서 아래로 내려가게 되어요.** 이렇게 방 안의 공기가 순환하면서 방 전체가 따뜻해지는 것이지요. 우리 생활에서 겨울철에 난방 기구는 아래쪽에, 여름철에 냉방 기구는 위쪽에 설치하는 것은 기체의 대류와 밀접한 관련이 있어요.

난로 주변에서 일어나는 기체의 대류

생각의 힘

건물에 화재가 발생하면 어떻게 대피해야 할까요? 우선 젖은 수건으로 코와 입을 막고 자세를 낮춘 후 건물 밖으로 나가야 해요. 젖은 수건으로 코와 입을 막는 이유는 해로운 기체가 몸속으로 들어오지 않게 하기 위해서예요. 그런데 똑바로 서서 뛰면 더 빨리 대피할 수 있을 텐데, 왜 자세를 최대한 낮춰 대피해야 할까요? 그 까닭은 기체의 대류와 관계가 있어요. 화재가 발생하면 뜨거워진 공기가 위로 올라가는데, 이 공기에는 해로운 기체가 많이 포함되어 있어요. 따라서 위쪽에 모인 해로운 기체를 피하고자 최대한 자세를 낮춘 상태에서 대피하는 것이죠. 실제로 화재로 인한 대부분의 사망 사고는 해로운 기체를 들이마셔서 일어난답니다.

> 화재가 발생하면 해로운 기체가 위로 이동하기 때문에 최대한 자세를 낮춘 상태에서 대피해야 해요.

한밤의 서리와 아침 이슬

'아침 거미줄에 이슬이 맺히면 날씨가 맑고 3일 내내 서리가 내리면 비가 온다.'는 속담이 있어요. 이처럼 날씨 예측의 기준이 되기도 하는 서리와 이슬은 공기 중에 있던 수증기에 의해 생겨나는 자연 현상이에요.

서릿발

한겨울 들이나 고속 도로 주변에서 침이나 바늘 모양의 가늘고 무수한 얼음 기둥을 볼 수 있는데 이것을 서릿발이라고 불러요. 서릿발은 땅속에서 솟아올라 담을 허물거나 철로를 휘어지게 만들기도 해요.

서리는 기온이 낮아지는 밤에 만들어져요. **밤이 되어 땅의 온도가 내려가면 공기 중의 수증기가 액체 상태를 거치지 않고 곧바로 고체 상태가 되는데, 이것이 바로 서리예요.** 서리는 풀이나 나뭇잎 위에 설탕처럼 하얗게 내려앉으며 이른 아침 햇빛에 반짝반짝 빛나요. 그러다 기온이 높아지면 녹아서 투명한 아침 이슬로 변해요.

서리

서리는 식물을 죽이기도 해요. 식물 속에 들어 있는 액체를 얼게 하거든요. 특히 잎과 열매 등에 포함된 액체가 묽고 그 양이 많을수록 식물은 더 쉽게 잘 죽어요.

또한 서리는 식물이 자라는 기간을 결정해요. 여기서 식물이 자라는 기간이란 봄에 마지막 서리가 내린 날부터 가을에 첫 서리가 내린 날까지의 기간을 말해요. 늦가을이나 초봄에 내리는 서리는 갑작스러운 **저온 현상**을 일으켜 식물을 죽게 만들어요.

공기 중의 수증기가 물이 되면서 생기는 이슬은 늦여름이나 가을에 많이 나타나요. 아침 햇살에 반짝이는 이슬은 보기와는 달리 식물에 해로운 곰팡이 등을 자라게 해요. 공기 오염이 심각해지면서 새벽에 내리는 이슬이 오염되어 있기도 해요. 이슬이 만들어질 때 자동차나 공장에서 나온 오염 물질이 함께 섞인 것이지요.

낮에 이슬이 공기 중으로 증발하면 오염된 물질만 잎의 겉면에 남아 구멍을 내고 잎은 쉽게 병들어요. 그래서 농업 관계자들과 농촌에서는 공기 중에 오염 물질이 퍼지지 않도록 농촌

이슬

지역 안에 공장 등이 세워지지 않게 하거나 공장에서 나오는 연기에 해로운 물질이 들어 가지 않게 하는 등 여러 대책을 마련하고 있답니다.

- **저온 현상**: 기온이 다른 해보다 유난히 낮게 나타나는 현상 유의어 이상 저온

관련교과	과학 5학년
개념명	날씨와 우리 생활

이슬과 서리는 어떻게 생기는 것일까요?

 이슬은 공기 중의 수증기가 액체 상태인 물로 변해서 생긴 것이에요. 기온이 높은 낮에는 공기 중 기체인 수증기로 존재하고 있다가 기온이 내려가는 밤이 되면 액체 상태인 물방울로 변해요. 냉장고에서 꺼낸 차가운 컵 표면에 잠시 후 물방울이 맺히는 것도 같은 원리예요.
 그런데 이슬이 특히 나뭇잎이나 풀잎에 잘 맺히는 까닭은 무엇일까요? 식물은 잎을 통해 공기 중으로 수증기를 내보내기 때문에 잎 주변에 상대적으로 수증기가 많아요. 따라서 밤에 지표면 부근의 기온이 낮아지게 되면 식물의 잎 주변 공기 속에 있던 수증기가 이슬이 되는 것이에요.
 서리는 이슬과 생성 원리가 같아요. **밤에 지표면 부근 공기의 온도가 낮아지게 되면 기체 상태인 수증기가 액체 상태인 물이 되는데, 기온이 0℃ 이상이면 이슬이 되고, 기온이 0℃ 이하면 물체의 표면에 얼어붙어 서리가 되는 것이지요.**

안개는 어떻게 생기는 것일까요?

 공기 중의 수증기가 응결하여 지표면 가까이에 아주 작은 물방울로 뿌옇게 떠 있는 현상을 안개라고 해요. 안개가 끼면 맨눈으로 볼 수 있는 거리가 1킬로미터 미만으로 떨어지기도 해요. 가을 날씨는 바람이 없고 낮과 밤의 기온 차이가 크며 맑은 경우가 많은데, 이때 안개가 자주 발생해요.

구름이 없는 맑은 날의 밤에는 기온이 크게 떨어지면서 **지표면과 지표면 가까이에 있는 공기의 온도가 떨어지고, 밤을 지나는 동안 기온이 낮아지면서 공기 중의 수증기가 응결하여 안개가 생긴답니다.**

안개

생각의 힘

이슬, 안개, 구름의 차이는 무엇일까요? 이슬은 공기 중의 수증기가 나뭇잎이나 풀잎 등 물체 표면에 응결해 물방울로 맺힌 것이에요. 안개는 지표면 가까이에 있는 공기 중의 수증기가 응결해 지표면 근처에 작은 물방울로 떠 있는 것이지요. 구름은 공기 중의 수증기가 응결해 작은 물방울이나 얼음 알갱이로 하늘에 무리 지어 떠 있는 것이에요. 즉, 이슬, 안개, 구름은 모두 공기 중의 수증기가 응결해 나타나는 현상이지만 만들어지는 위치가 다르다는 게 가장 큰 특징이에요.

이슬, 안개, 구름은 만들어지는 위치가 다르다는 차이점이 있어요.

달의 땅에도
주인이 있을까?

1969년 닐 암스트롱이 아폴로 11호를 타고 인류 최초로 달 착륙에 성공했어요. 그 후 29년이 지난 1998년 3월 미국 항공 우주국(NASA)의 에임스 연구 센터에서는 다음과 같은 아주 놀라운 사실을 발표했어요.

"마침내 달에서 얼음을 발견했습니다."

미국과 러시아는 오랜 기간 달에 기지를 건설하기 위해 물 찾기 경쟁을 벌여 왔어요. **달에서 물을 발견하면 마실 수도 있고,**

물을 이용해서 우리가 숨을 쉴 때 사용하는 산소를 만들 수도 있거든요. 하지만 아무리 달 탐사를 해도 물을 찾지 못하자 사실상 달에서 사람이 살 수 없다고 판단했어요. 그런데 달 탐사선 루나 프로스펙터호가 얼음을 발견하면서 달은 인류의 미래가 걸린 땅으로 또다시 떠오르게 되었어요.

달에는 북극과 남극에 물이 얼음 형태로 흩어져 있는데, 이것은 2인 가족을 기준으로 1천 가구가 300년 이상 사용할 수 있는 엄청난 양이라고 해요. 이처럼 얼음이 발견된 이후 세계 여러 나라가 달의 소유권을 놓고 신경전을 벌였어요.

달에서 발견된 얼음(색깔로 표시된 부분)

달의 소유권은 법률적으로는 전 인류에 속해요. 1967년 달이 전 인류에 속한다는 내용이 포함된 '**우주 조약**'이 맺어졌기 때문이에요. 하지만 내용이 너무 허술해 1979년 유엔이 이 조약을 대체하는 달 협정을 추진했어요. 주요 내용은 어느 나라도 달에 있는 모든 것에 대한 소유권을 주장할 수 없다는 것이에요. 하지만 우주 개발 경쟁을 치열하게 벌이던 미국과 러시아는 달 개발을 금지하는 달 협정에 끝까지 서명하지 않았어요. 결국 **협정**이 실패로 돌아갔고 우주에 대한 무한한 개발 경쟁이 시작되었어요.

우주 개발 경쟁의 한 예로 미국의 루나 코퍼레이션 등을 비롯한 일부 회사는 당시 달 여행자를 모집하기도 했어요. 또한 일본은 2050년까지 달에 1만 명이 거주할 수 있는 도시

달에 간 인류의 모습

를 건설할 계획으로 우주 광선을 차단하고 극한의 온도를 견디는 새로운 차원의 건축 기술을 연구하고 있어요. 세계적인 호텔 업체 힐튼은 달 표면에 '루나 힐튼'이라는 대규모 호텔을 건설하겠다고 밝혔어요. 그러나 또 다른 문제는 달에서 어떻게 얼음을 녹여 물을 만드느냐 하는 것이에요. 본격적으로 달 개발을 하기 위해서 앞으로도 넘어야 할 산이 많답니다.

문해력 UP

- **탐사**: 알려지지 않은 사물이나 사실 따위를 샅샅이 더듬어 조사하는 것
  - 유의어 조사, 사탐
- **우주 조약**: 달이나 그 밖의 천체를 포함한 우주 공간의 탐사 및 이용에 관한 조약으로, 국제 연합 총회에서 달이나 그 밖의 천체에 핵무기나 군사 기지를 설치할 수 없고 평화적으로 이용할 것을 약속함
- **협정**: 서로 의논하여 결정하는 것 유의어 결의, 조약, 협약

관련교과	과학 3학년
개념명	지구의 모습

지구와 달은 무엇이 다를까요?

 옛날 사람들은 달을 보고 떡방아를 찧는 토끼, 게의 다리, 사람의 얼굴 등 다양한 모습을 생각했어요. 이건 달 표면에 밝은 부분과 어두운 부분이 있기 때문에 여러 가지 모습으로 보였던 것이에요.
 달은 지구 주위에 있어 늘 볼 수 있어요. 달과 지구는 어떤 특징이 있을까요? 둘 다 모양이 둥글고, 표면에 돌과 흙이 있다는 점에서 비슷해요. 하지만 서로 다른 점도 많아요. 달은 회색으로 지구는 푸른색으로 보여요. 달에는 물이 있는 바다가 없지만 지구는 물이 있어요. 지구와 달리 달은 표면에 많은 구덩이가 있는데 이 구덩이를 충돌 구덩이라고 해요. 충돌 구덩이는 운석이 달 표면에 떨어져서 생긴 움푹 패인 모양의 구덩이예요. 또한 달에도 바다처럼 깊고 넓은 곳과 산처럼 높이 솟은 곳, 깊은 계곡도 있어요.

달에서 생물이 살 수 없는 까닭은 무엇일까요?

 지구에서 생물이 살아가는 데에는 물과 공기, 알맞은 습도, 음식, 쉴 곳, 햇빛 등이 꼭 필요해요. 그래서 지구에는 땅 위, 바다, 하늘, 연못, 숲속 등 모든 지역에서 생물이 살고 있어요. 하지만 달에는 물과 공기가 거의 없어서 생물이 살 수 없어요. 또한 햇빛을 받을 때와 받지 않을 때의 온도 차이가 매우 크기 때문에 생물이 살기에 알맞지 않아요.

달을 탐사하기 위해서는 무엇이 필요할까요?

달에는 물과 공기가 거의 없기 때문에 달을 탐사하려면 몸을 보호하기 위해 여러 가지 생명 유지 장치가 있는 우주복을 입어야 해요. 우주복에는 숨을 쉴 수 있는 장치, 물을 공급해 주는 장치, 기온 차이가 큰 달에서 체온을 조절할 수 있도록 하는 체온 조절 장치, 지구와 연락할 수 있는 통신 장치 등이 달려 있어요.

생각의 힘

달의 충돌 구덩이는 어떻게 발견됐을까요? 큰 천체에 다른 작은 천체가 충돌했을 때 생기는 구덩이를 충돌 구덩이 또는 크레이터, 운석 구덩이라 불러요. 1609년에 이탈리아의 과학자 갈릴레오 갈릴레이가 망원경으로 달을 관측해서 충돌 구덩이를 발견했어요. 그 당시에는 충돌 구덩이가 화산이 폭발해 생겼다고 생각했는데, 1890년대 미국에서 충돌 구덩이가 큰 천체에 다른 작은 천체가 충돌해서 생긴 것이라는 주장이 나왔어요. 지금까지 달에 많은 충돌 구덩이가 발견되었으며, 지름이 수십~수백 킬로미터에 이르기까지 그 크기도 매우 다양해요. 달의 충돌 구덩이에 이름도 붙였는데, 주로 철학자나 과학자의 이름을 붙였어요.

> 큰 천체에 우주를 떠돌던 작은 천체가 떨어져 표면에 큰 구덩이가 만들어진 것을 충돌 구덩이라고 해요.

동식물의
다양한 자기 보호

　지구상의 모든 생물은 다른 동물들에게 잡아먹히지 않고, 자연 재해로부터 살아남기 위해 최선을 다해 자기 보호를 하고 있어요. 신비한 자연의 세계를 들여다보면 코끼리부터 이름 모를 풀 한 포기까지 자신을 보호하기 위한 방법을 최소한 하나 이상 가지고 있어요.

　먼저 식물을 살펴보아요. 옛말에 '거목 밑에 잔솔 크지 못한다.'고 했어요. 여기서 거목은 큰 나무를, 잔솔은 어린 소나무를 뜻해요. 그러니까 큰 나무 밑에서 작은 소나무가 잘 자라지 못한다는 속담이지요. 큰 나무 밑에는 햇빛이 잘 들지 않고 큰 나무가 땅속의 양분을 많이 흡수하기 때문에 작은 소나무가 잘 자라지 못한다고 생각한 것이에요. 하지만 소나무의 경우는 이와 달라요. 큰 소나무를 베고 나면 **밑동**에 수많은 잔솔이 싹을 틔운 것을 볼 수 있어요. 이를 두고 잔솔이 큰 소나무에 가려서 자라지 못했다고 생각하기 쉽지만, 그 이유만은 아니에요. **소나무는 뿌리에서 갈로탄닌이라는 물질을 내보내 주변에 다른 씨가 싹트지 못하게 한다고 해요.**

잔솔(어린 소나무)

잔디를 깎은 정원에서 풋풋한 풀 향기가 나는 건 잔디의 상처 부분에서 나오는 물질이 냄새를 풍기기 때문이에요. 잔디는 스스로를 보호하기 위해 냄새를 뿜는 것이지요. 또 양파와 마늘도 껍질을 벗기거나 칼로 자르는 등 상처를 입히면 독한 냄새를 뿜어서 자신을 보호해요. 이때 나는 냄새의 원인은 '알리신'이란 물질로, 동물의 눈에 들어가면 눈을 맵게 해 눈물을 흘리게 만든다고 해요.

동물의 경우도 다양한 방법으로 자신을 보호해요. 예를 들어 스컹크는 귀엽게 생긴 외모와 달리 몸에서 고약한 냄새를 풍겨요. 사람이나 다른 동물이 가까이 다가오면 고약한 냄새가 나는 액체를 뿜고 도망가기 때문이에요. 이 액체의 냄새를 맡으면 코를 찌르는 듯한 괴로움이 느껴지고, 숨이 막히고, 눈에 들어가면 잠시 눈앞이 흐려져 아무것도 안 보일 정도예요.

스컹크

꿀벌이나 뱀은 독을 이용해 자신을 지켜요. 벌침 속에 들어 있는 '멜리틴'과 '히스타민' 등이 몸속에서 알레르기를 일으키는데, 심하면 생명이 위험해진다고 해요. 물에 사는 복어의 알과 **내장**에도 독이 있어서 잘못 먹으면 죽을 수도 있어요.

그 밖에 행동이 느린 카멜레온은 보호색으로 자신을 지켜요. 카멜레온은 상태에 따라 피부에 있는 **세포**가 부풀었다가 오그라드는데, 그 정도에 따라 빛을 다르게 반사해 피부색이 달라지는 거예요. 카멜레온의 몸 색깔은 보호색이 되어 줄 뿐만 아니라 감정을 표현하고 짝을 찾거나 상대에게 경고를 할 수도 있어요.

카멜레온

문해력 UP

- **밑동** : 나무줄기에서 뿌리에 가까운 부분
- **내장** : 동물들의 몸속에 있는 여러 가지 기관 유의어 오장
- **세포** : 생물체를 이루는 기본 단위

관련교과	과학 5학년
개념명	생물과 환경

적응이란 무엇인가요?

생물이 사는 환경은 지역과 시간에 따라 다양해요. 햇빛이 잘 드는 곳에 사는 식물도 있고 햇빛이 잘 들지 않는 곳에 사는 식물도 있어요. 또 낮에 주로 활동하는 동물, 밤에 주로 활동하는 동물, 사막에 사는 동물, 북극에 사는 동물 등이 있어요. 식물과 동물 모두 생태계에서 살아남기 위해 자신이 사는 환경에 최대한 맞추어 살아가요. 이처럼 **생물이 오랜 기간에 걸쳐 특정한 서식지에서 살아가기에 적합한 특징을 갖게 되는 것을 적응**이라고 해요.

동물은 환경에 어떻게 적응했나요?

환경에 적응한 대표적인 동물에는 사막여우와 북극여우가 있어요. 뜨거운 사막에서 사는 사막여우는 귀가 커서 열을 내보내기에 유리한 반면에 추운 북극에서 사는 북극여우는 귀가 작고 털이 풍성해서 열을 보존하기에 유리해요. 또한 북극여우는 여름에는 갈색, 겨울에는 하얀색, 그 외 계절에는 다소 어두운색으로 털갈이하며 계절에 따라 털색을 바꾸어요. 털색이 주변 환경과 비슷해지면 눈에 띄지 않아 천적을 피할 수 있고, 먹잇감에게 더 쉽게 다가갈 수 있어요.

사마귀는 몸 색깔이 식물의 잎과 비슷한 초록색이지만, 열대 우림에 사는 난초사마귀는 생김새가 난초꽃과 비슷하여 몸을 숨기고 먹이를 잡는 데 유리해요. 밝은 낮에 주로 활동하는 비둘기는 빛에 예민하지 않아요. 하지만 어두운 밤에 주로 활동하는 부엉이는 적은 빛으로도 사물을 볼 수 있도록 눈이 크고 빛에 예민하지요.

이처럼 생물은 생김새뿐만 아니라 겨울잠을 자거나 계절에 따라 서식지를 옮기는 등 적절한 생활 방식을 찾아 환경에 적응해서 살아가요.

생각의 힘

동물은 왜 겨울잠 또는 여름잠을 잘까요? 겨울잠은 주로 겨울철 낮은 온도에서 살아남기에 힘든 동물에서 볼 수 있어요. 다람쥐는 나뭇잎으로 덮인 땅속에 들어가 몸에 저장해 놓은 에너지를 사용하면서 겨울잠을 자요. 또 개구리는 몸속에서 몸이 얼지 않도록 하는 물질을 내보내며 겨울잠을 자요. 아주 더운 나라에서 사는 동물 중에는 여름잠을 자는 동물도 있어요. 날씨가 너무 덥고 비가 오지 않으면 풀이 마르고 먹이도 없어지기 때문이에요. 그래서 미리 에너지를 몸속에 저장했다가 날씨가 시원해지면 다시 활동을 해요. 대표적으로 달팽이는 날씨가 덥거나 건조해지면 몸이 마르지 않도록 껍데기 안으로 들어가 여름잠을 자요.

> 동물들이 겨울잠 또는 여름잠을 자는 것은 자신이 사는 환경에 적응하기 위해서예요.

동식물의 다양한 자기 보호

이 세상에서
가장 아름다운 소리

"사람의 목소리는 이 세상에 존재하는 가장 아름다운 소리 중의 하나이다."라는 말이 있어요. 하루 종일 시끄러운 소리에 시달릴 때는 사람의 목소리도 듣기 싫을 수 있지만, 친한 친구가 차분하게 말하는 소리나 음악회에서 아름다운 노래를 듣고 감동을 느껴 본 사람이라면 그 말에 자연스럽게 **공감**할 수 있을 거예요. 그만큼 사람의 목소리는 공들여 만든 그 어떤 악기보다 섬세하고 완벽하다고 할 수 있어요. **하지만 녹음된 자신**

아름다운 소리를 내는 합창단

의 목소리를 들어 보면 영 낯설고 이상하게 느껴지기도 해요. 목소리가 평소와 다르게 들려서 다른 사람에게 녹음된 자신의 목소리가 이상하지 않냐고 물어보면 대부분 "그렇지 않고 평소와 같다."고 대답하지요. 그 까닭은 다른 사람들이 듣는 내 목소리가 녹음된 목소리와 비슷하기 때문이에요. 녹음기에서 나오는 목소리가 실제 목소리에 더 가까워요.

내가 알고 있는 나의 목소리는 우리 몸속에서 귀에 직접 전달된 소리와 입 밖으로 나온 소리가 합쳐진 것이에요. 한편 **태아**는 엄마의 뱃속에서 목소리를 듣기 때문에 물속에서 듣는 소리와 비슷하게 들린다고 해요.

일란성 쌍둥이

　사람이 소리를 내는 부분의 구조가 똑같은데도 사람마다 목소리가 다른 까닭은 무엇일까요? **구조는 같아도 그 모습이 사람마다 조금씩 다르고, 말하는 방법도 다르기 때문이에요.** 특히 목소리를 내는 부분이 얇고 짧은 사람은 높은 목소리가 나고, 두껍고 긴 사람은 낮은 목소리가 난다고 해요. 따라서 형제나 자매, 심지어 쌍둥이의 목소리가 얼핏 듣기에 비슷하게 들려도 완전히 똑같지는 않지요.

　목소리를 듣다가 뒷말을 모두 듣지 않고도 주위의 상황과 대화의 내용, 흐름에 따라 머릿속에서 '이렇게 들린다.'라고 생각하는 경우가 있어요. 이것을 '톱다운 처리'라고 해요. 예를 들어 아침에 사람을 만났을 때 '안녕'이라는 말을 들으면, 머릿속에서 이어지는 말인 '하세요.'에서 '하'를 말할 것이라고 미리 생각해요. 그래서 상대방이 정확히 '하'라고 하지 않아도 '하'라고 들린다고 해요. 이 톱다운 처리가 심해지면 **환청**이 들리기도 해요. 사람이 소곤거리는 소리인 줄 알았는데 알고 보니 바람에 흔들리는 나뭇잎 소리였다든가 하는 등 사물의 소리를 말소리로 잘못 알아듣는 경우가 생기는 것이지요.

문해력 UP

- **공감** : 남의 감정, 의견, 주장 따위에 대하여 자기도 그렇다고 느끼거나 그렇게 느끼는 기분 유의어 동감, 동조
- **태아** : 태어나기 전 어미의 뱃속에서 자라고 있는 어린 생명 유의어 복아
- **환청** : 실제로 나지 않는 소리가 마치 들리는 것처럼 느껴지는 현상

관련교과	과학 3학년
개념명	소리의 성질

소리가 나는 원리는 무엇인가요?

소리가 나는 물체들을 살펴보면 트라이앵글은 세모 모양의 쇠막대가 떨리면서 소리가 나고, 스피커는 진동판이 떨리면서 소리가 나요. 이처럼 **소리는 여러 가지 방법으로 물체가 떨리며 발생해요**. 물병을 막대기로 두드리거나 유리병 입구에 바람을 불어 소리를 낼 수도 있고, 기타와 같이 줄을 퉁기거나 물이 든 유리컵의 가장자리를 손가락으로 문질러 소리를 낼 수도 있어요.

쇠막대가 떨리면서 소리가 나는 트라이앵글

소리의 세기와 높낮이는 어떻게 달라지나요?

큰 소리를 내려면 세게 작은 소리를 내려면 약하게 치거나 두드리거나 퉁기면 돼요. 북채로 북을 약하게 치면 북이 작게 떨리면서 작은 소리가 나고, 세게 치면 북이 크게 떨리면서 큰 소리가 나지요. 이처럼 물체가 떨리는 정도에 따라 소리의 크기가 달라지는데, **소리의 크고 작은 정도를 소리의 세기라고 해요**. 또한 소리를 내는 부분의 길이가 짧으면 높은 소리가 나고, 소리를 내는 부분의 길이가 길면 낮은 소리가 나요. 그래서 실로폰의 짧은 음판을 치면 높은 소리가 나고 긴 음판을 치면 낮은 소리가 나요. 또한 짧은 플라스틱 빨대를 불면 높은 소리가 나고 긴 플라스틱 빨대를 불면 낮은 소리가 나지요. 이처럼 소리의 높고 낮은 정도를 소리의 높낮이라고 해요.

소리는 어떤 물질을 통해 전달될까요?

소리는 고체, 액체, 기체 상태의 물질을 통해 전달될 수 있지만 대부분은 기체를 통해 전달돼요. 물체의 떨림이 공기를 진동시키고 이 떨림이 다시 이웃한 공기를 떨리게 하여 사방으로 퍼져 나가며, 귀에서 이 공기의 떨림을 느끼게 되어 소리를 듣게 되는 것이에요. 달에 가면 아무 소리도 들을 수 없는데, 달에는 소리를 전달할 공기가 없기 때문이에요.

생각의 힘

고체, 액체, 기체 상태 중 언제 가장 빠르게 소리가 전달될까요? 소리의 빠르기는 물질의 상태에 따라 달라요. 기체가 소리를 가장 빠르게 전달할 것이라 생각하지만 실제로는 고체가 소리를 가장 빠르게 전달하고, 기체가 가장 느리지요. 그 까닭은 고체를 이루는 알갱이들이 기체를 이루는 알갱이들보다 서로 더 가까워 떨림이 옆으로 빠르게 전달될 수 있기 때문이에요.

소리는 고체에서 가장 빠르게 전달돼요.

아기가 칭얼대면 비가 온다?

   단군 신화를 보면 환웅이 인간 세계로 내려오면서 바람의 신과 구름의 신, 그리고 비의 신도 같이 데려와요. 이는 농사나 일상생활에서 바람이나 구름과 함께 비를 다스리는 일이 매우 중요하다고 생각했기 때문이에요.

   땅을 적셔 싹을 틔우고 열매를 맺게 하는 비는 더없이 소중한 존재였어요. 옛날에 우리나라 사람들이 주로 농사를 짓고 살았기 때문이에요. 그래서 매년 하늘에 비를 내려 달라고 빌었던 기우제는 중요한 국가적 행사였지요. 비가 거의 내리지 않아 가뭄이 심할 때는 왕이 음식을 먹지 않고 사는 곳을 허름한 곳으로 옮기기도 했어요. 그리고 죄인들을 불러 모아 그중에서 몇몇 사람을 가려내 풀어 주기도 했어요. 왜냐하면 가뭄이 든 이유가 임금이 **덕**이 부족해서 하늘이 벌주는 것이라 생각했기 때문이에요.

오래전부터 사람들은 비가 오기 직전에 동물들이 어떤 행동을 하는지 관찰했어요. 비가 언제, 얼마나 오는지를 아는 것이 중요했기 때문이에요. **건조**해지기 쉬운 피부를 가진 지렁이는 날이 흐려지면 땅 위로 나오고, 높게 날던 종달새는 폭풍우가 다가오면 낮게 난다는 것을 알게 되었지요.

흐린 날 땅 위로 나온 지렁이

한편 비가 오는 지역에 **저기압**이 접근하는데, 이때는 실내와 실외의 온도 차이가 적기 때문에 공기의 흐름이 활발하지 않아요. 그래서 나무에 불을 붙여서 집 안을 따뜻하게 했던 시기에는 집에 연기가 잘 빠지지 않았고, '연기가 굴뚝으로 잘 안 빠지면 비'라는 속담이 생긴 것이에요. '밥알이 밥그릇에서 잘 떨어지면 비'라는 속담은 흐린 날에 **습도**가 높아져 밥알이 그릇에서 잘 떨어진다고 해서 생긴 것이에요. '아기가 칭얼대면 비'라는 속담도 있는데 어린아이들은 어른보다 적응력이 떨어져 날씨 변화에 예민하기 때문에 생긴 것이에요.

누구나 비에 얽힌 추억 하나쯤은 갖고 있을 텐데, 그중 조선시대 문신 이항복은 비에 연관된 유명한 일화를 남겼어요. 임진왜란 당시 임금이었던 선조가 의주로 피난 갈 때 갑자기 비가 내렸다고 해요. 임금을 비롯한 모든 신하들이 비를 피하기 위해 황급히 뛰어갔어요. 그런데 이항복만은 비를 피하지 않고 천천히 걸으며 "뛰어가면 앞에 내리는 비까지 전부 맞습니다. 천천히 걸어야 비를 덜 맞지요."라고 했어요. 그 말에 임금과 신하들이 오랜만에 크게 웃었다고 해요. 여유롭고 **호기**가 넘치는 이항복의 태도를 볼 수 있는 이야기예요. **하지만 걷든지 뛰든지 최대한 빨리 빗속을 벗어나는 것이 비를 가장 덜 맞는 방법이에요.**

비는 빗방울의 크기와 양에 따라 **여우비**와 이슬비, 가랑비, 소나기, 장대비, 폭우 등으로 나뉘어요. 그중 여름에 많이 내리는 소나기는 타는 듯한 더위를 잠시 식혀 주지만, 미처 우산을 준비하지 못한 사람들의 옷을 젖게 만들기도 해요.

소나기

문해력 UP

- **덕** : 남을 넓게 이해하고 받아들이는 마음이나 행동
  - 유의어 도덕, 업적, 은혜 반의어 탓
- **건조** : 말라서 물기가 없는 것
- **저기압** : 대기 중에서 높이가 같은 주위보다 기압이 낮은 영역 반의어 고기압
- **습도** : 공기 중에 수증기가 포함되어 있는 정도
- **호기** : 씩씩하고 작은 일에 거리낌이 없는 기 유의어 객기, 만용
- **여우비** : 해가 떠 있는 날 잠깐 오다가 그치는 비

관련교과	과학 5학년
개념명	날씨와 우리 생활

고기압과 저기압은 무엇일까요?

공기는 무게가 있어 양이 많을수록 무거워요. 공기의 무게로 생기는 힘을 기압이라고 하는데, 이 무게는 공기의 온도에 따라 달라져요. 온도가 낮아지면 같은 크기의 공간에 있는 공기의 양이 많아져 무거워져요. 온도가 높아지면 같은 크기의 공간에 있는 공기의 양이 적어져 가벼워져요. 이처럼 같은 크기의 공간에 있는 공기의 무게를 비교하여 상대적으로 공기가 무거운 것을 고기압이라 하고, 상대적으로 공기가 가벼운 것을 저기압이라 해요. 따라서 온도가 다른 두 지표 위에 있는 공기는 온도가 달라지면 기압도 달라져요. 온도가 낮은 지면 위의 차가운 공기는 고기압이 되고, 온도가 높은 지면 위의 따뜻한 공기는 저기압이 되지요. 공기의 온도 차이로 인해 어느 두 지역의 기압이 서로 달라지면 공기가 고기압에서 저기압으로 이동하면서 바람이 불어요.

구름과 비는 어떻게 만들어지는 것일까요?

공기가 지표면에서 하늘로 올라갈수록 온도가 점점 낮아져요. 이때 공기 중의 수증기가 응결해 작은 물방울이 되거나 얼음 알갱이로 얼어 하늘에 떠 있는 것을 구름이라고 해요.

구름 속 작은 물방울과 얼음 알갱이는 서로 부딪치고 합쳐지면서

바람이 부는 방향(고기압 → 저기압)

점점 크기가 커져요. 이때 커진 물방울이 무거워져 떨어지거나, 얼음 알갱이가 녹아서 떨어지면 비가 돼요. 얼음 알갱이가 녹지 않고 그대로 떨어지면 눈이 되지요.

생각의 힘

여름에는 제습기를 틀고 겨울에는 가습기를 트는 이유가 무엇일까요? 습도는 기온과 밀접한 관련이 있어요. 봄, 여름, 가을, 겨울의 사계절이 있는 우리나라는 실내에서 생활하기에 알맞은 온도와 습도가 계절에 따라 달라져요. 습도가 낮아 실내가 건조하면 피부 알레르기, 건조증, 감기 등과 같은 각종 병이 생기기 쉽고, 반대로 습도가 높아 실내가 습하면 다양한 곰팡이와 미생물이 번식하게 돼요. 따라서 실내에서 생활하기에 알맞은 온도와 습도를 유지하는 것이 매우 중요해요. 사람들이 가장 쾌적하고 건강한 환경을 유지하기 위한 일반적인 온도는 18℃ ~22℃이고, 습도는 40%~60%이랍니다.

우리가 생활하기에는 20℃ 정도의 온도와 50% 정도의 습도가 적당해요.

별 이름 붙이기

어릴 때 밤하늘을 수놓은 별들을 구경하다 그중 하나를 자기 별이라고 우겼던 기억이 있나요? 우리는 태양과 달을 빼고 하늘에 보이는 모든 **천체**를 '별'이라고 불러요. 하지만 밤하늘을 올려다보았을 때 볼 수 있는 반짝이는 천체가 모두 별은 아니에요. 우리가 **행성**이라고 부르는 화성, 목성 등도 하늘에서 반짝이지요. 하지만 행성은 별이 아니에요. **별의 가장 큰 특징은 스스로 빛을 내는 것인데**, 행성은 스스로 빛을 내지 못하고 태양광을 반사해서 밝게 빛나 보이는 것이에요.

태양 주위의 행성

 우리는 밤하늘에 무수히 많은 별이 있다고 표현하지만 실제로 볼 수 있는 별은 약 6천 개 밖에 되지 않아요. 그것도 아주 맑은 날 주위에 빛이 거의 없는 시골에서나 볼 수 있어요. **주위가 밝은 도시에서 별이 잘 보이지 않아요.**

 사람에게 이름이 있듯 밤하늘을 장식하고 있는 별들에게도 언제부터인가 하나둘 이름이 생겨났어요. **별의 이름은 그 별을 발견한 사람이 이름을 붙이는 게 원칙이지만 주로 별들의 위치와 관련된 이름이 많아요.** 힘센 사냥꾼의 모습을 한 오리온자리에서 사냥꾼의 겨드랑이 밑쯤에 위치한 별에는 '겨드랑이'라는 뜻의 '베텔게우스'라는 이름을, 무릎에 위치한 별에는 '무릎'이라는 뜻의 '리겔'이라는 이름을 붙였어요. 별의 성질에 따라 이름을 붙인 것도 있는데, 큰개자리의 가장 밝은 별은 반짝이는 빛을 낸다고 해서 '불에 탄 것'이라는 의미의 '시리우스'란 이름을 붙였어요. 물론 아무 상관없는 이름이 붙은 경우도 많아요.

큰개자리

밤하늘에서 볼 수 있는 수많은 별

나라마다, 지역마다 부르는 고유한 별 이름도 있어요. 우리나라를 비롯한 동양에서는 거문고자리의 가장 밝은 별 베가를 직녀

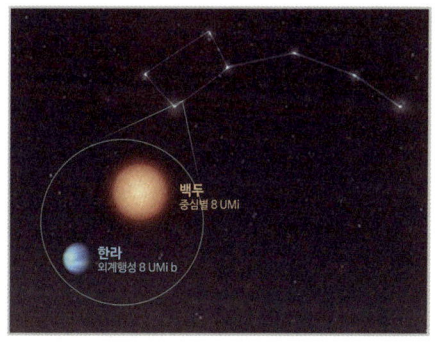

국제 천문 연맹에서 발표한 백두와 한라

성이라고 불러요. 그리고 독수리자리의 가장 밝은 별 알타이르를 견우성이라고 부르지요. 또 북극성, 북두칠성, 노인성, 좀생이별 등 아직까지 전통적인 별자리와 별 이름을 사용하기도 해요. 2015년도에 우리나라 천문학자가 발견한 별에 '백두', '한라'라는 이름을 붙이기도 했어요.

문해력 UP

- **천체**: 우주에 존재하는 모든 물체 **유의어** 우주, 천문
- **행성**: 스스로 빛을 내지 못하고 중심에 있는 별 주위를 도는 천체 **유의어** 떠돌이별

관련교과	과학 5학년
개념명	태양계와 별

별자리 이름은 누가 붙였을까요?

밤하늘에 무리 지어 있는 별들을 연결하여 사람이나 동물, 물건의 이름을 붙인 것을 별자리라고 해요. 별자리의 기원은 기원전 수천 년경 바빌로니아 지역에 살았던 유목민들로부터 시작되었어요. 유목민은 가축을 키우고 물과 풀을 따라 이동하며 생활을 하는 사람을 말해요. 유목민들은 밤하늘을 자주 올려다보았고, 밝은 별들을 연결하여 동물이나 물건의 이름을 붙였어요. 이후 별자리는 고대 이집트를 거쳐 고대 그리스와 로마로 전해지면서 전설 속의 신과 영웅 등의 이름이 붙은 별자리가 만들어졌어요. 20세기 초에는 지역마다 별자리의 이름과 경계가 달라서 혼동이 생기고 불편한 문제가 발생했어요. 그래서 1928년 국제 천문 연맹은 북반구와 남반구 하늘의 별자리를 합해 88개의 별자리를 공식적으로 확정하였고 이를 현재까지 사용한답니다.

북쪽 밤하늘에서는 어떤 별자리를 볼 수 있을까요?

우리나라에서는 큰곰자리, 작은곰자리, 카시오페이아자리를 일 년 내내 북쪽 밤하늘에서 볼 수 있어요. 큰곰자리의 꼬리 부분과 작은곰자리는 국자 모양처럼 보이고, 카시오페이아자리는 'W' 자 모양처럼 보이지요. 별자리의 모양과 이름은 지역과 문화에 따라 달라요. 큰

곰자리는 서양의 별자리인데 큰곰자리의 꼬리 부분에 해당하는 북두칠성은 우리나라를 포함한 동양의 별자리예요. 북두칠성이라는 이름에서 '북두'는 '북쪽의 국자'라는 뜻으로, 동양인들은 북두칠성을 보고 국자 모양을 떠올렸음을 알 수 있어요.

북쪽 밤하늘에서 북두칠성의 반대편을 보면 다섯 개의 별이 W 혹은 M 자 모양을 이루는 카시오페이아자리를 쉽게 찾을 수 있어요. 카시오페이아는 고대 에티오피아의 왕 케페우스의 부인이며 안드로메다 공주의 어머니로, 허영심이 지나쳐서 의자에 묶인 채 하늘에 거꾸로 매달려 벌을 받고 있다는 이야기가 전해져 내려와요.

생각의 힘

밤하늘에 떠 있는 별은 모두 색이 같을까요? 맨눈으로 별들을 보면 밝게 빛나는 작은 점으로 색이 똑같아 보이지만, 망원경으로 자세히 보면 각각 다른 색깔을 지녔어요. 사진으로 보면 색깔 차이를 더 확실하게 비교할 수 있어요. 별의 색깔이 다른 것은 별의 표면 온도가 다르기 때문이에요. 별의 표면 온도가 높을수록 흰색이나 청백색으로 보이고, 별의 표면 온도가 낮을수록 붉은색으로 보여요. 그래서 표면 온도가 낮은 베텔게우스라는 별은 붉은색을 띠고, 표면 온도가 높은 리겔이라는 별은 청백색을 띠는 것이지요.

별의 표면 온도가 높으면 흰색으로 보이고, 낮으면 붉은색으로 보여요.

레오나르도 다빈치의 콘택트렌즈

콘택트렌즈를 처음 생각해 낸 사람은 뜻밖에도 이탈리아의 예술가로 유명한 레오나르도 다빈치였어요. 그가 16세기에 펴낸 《눈의 습관》이라는 책에 물이 든 짧은 튜브를 눈에 대서 약한 **시력**을 **교정**하는 방법이 소개됐어요. 가운데가 볼록한 볼

레오나르도 다빈치 조각상

록 렌즈는 빛을 꺾이게 하는 성질이 있는데, **물이 눈알과 접촉하면 볼록 렌즈와 같은 원리로 빛이 꺾여 잘 보이게 된다는 것**이지요. 다빈치가 발견한 이 원리는 오늘날 콘택트렌즈를 만드는 데 그대로 반영되었어요.

이후 오랫동안 많은 사람들이 유리를 이용해 콘택트렌즈를 만들기 위해 노력했지만 모두 실패했어요. 그러다 1888년 스위스의 의사인 아돌프 피크가 실제로 사용할 수 있는 콘택트렌즈를 최초로 개발했어요. 그가 만든 콘택트렌즈는 **투박**하고 착용감이 좋지 않았지만 시력을 교정하는 데는 효과가 있었어요. 또한 사람의 눈이 유리와 오랫동안 접촉하고 있어도 괜찮다는 것을 알게 되었어요. 1930년대에는 플라스틱을 사용한 콘택트렌즈가 개발되었고, 1940년대 중반이 되어서야 미국의 한 안경 제조업자가 눈의 가운데 부분만 덮는 콘택트렌즈를 만드는 데 성공하였어요.

당시에 안경은 무겁고 김이 서려 불편할 뿐 아니라 얼굴의 일부를 가리는 등 단점이 컸기에 콘택트렌즈에 대한 사람들의 관심이 점차 커지기 시작했어요.

얼굴을 가리는 안경

콘택트렌즈로 간단하게 시력을 교정할 수 있지만, **장시간 사용하면 눈과 관련된 질병이 생길 위험이 높아져요.** 눈에 염증이 생길 수도 있고, 눈물이 말라서 눈과 렌즈가 달라붙어 렌즈를 뺄 때 눈에 상처가 나기도 해요. 심한 경우 시력을 잃어 앞을 보지 못하게 될 수도 있어요. 따라서 콘택트렌즈를 끼는 사람들은 의사의 진단에 따

콘택트렌즈

라 산소가 잘 통과하여 부작용이 훨씬 덜한 콘택트렌즈를 사용하고, 정기적으로 시력 검사를 받는 것이 중요해요. 또한 눈이 **충혈**되거나 불편함이 느껴지면 안경을 끼는 것이 좋으며, 집에 돌아오면 손을 깨끗하게 씻고 렌즈를 뺀 뒤 철저히 소독해야 해요.

문해력 UP

- **시력**: 물체를 보는 눈의 능력
- **교정**: 틀어지거나 잘못된 것을 바로잡음
- **투박**: 생김새가 볼품없이 둔하고 튼튼하기만 함  세련
- **충혈**: 몸의 일부분에 피가 많이 모이는 현상

관련교과	과학 5학년
개념명	빛과 렌즈

빛의 굴절이란 무엇일까요?

한 물질에서 진행하던 빛이 다른 물질로 비스듬히 들어갈 때 두 물질의 경계면에서 빛의 진행 방향이 달라져요. 이러한 현상을 빛의 굴절이라고 해요. 예를 들어 빛이 공기에서 유리를 지날 때 공기와 유리의 경계에서 굴절하는데, 이는 불투명한 유리판에 레이저 지시기로 빛을 비스듬히 비추어 보면 눈으로 확인할 수 있어요. 공기에서 유리로 빛이 들어갈 때 공기와 유리의 경계에서 빛이 한 번 굴절하고, 유리에서 공기로 빛이 나올 때 유리와 공기의 경계에서 빛이 또 한 번 굴절해요.

공기와 유리의 경계면에서 굴절하는 빛

볼록 렌즈를 통과한 빛은 어떻게 될까요?

렌즈의 가운데 부분이 가장자리보다 두꺼운 렌즈를 볼록 렌즈라고 해요. 빛이 볼록 렌즈의 가운데 부분을 통과하면 곧게 나가지만, 가장자리 부분을 통과하면 두꺼운 가운데 부분으로 꺾여 나가요. 볼록 렌즈에서 빛의 굴절이 일어나기 때문에 볼록 렌즈로 물체를 관찰하면 크게 보이거나 거꾸로 보이는 등 실제 모습과 다르게 보여요.

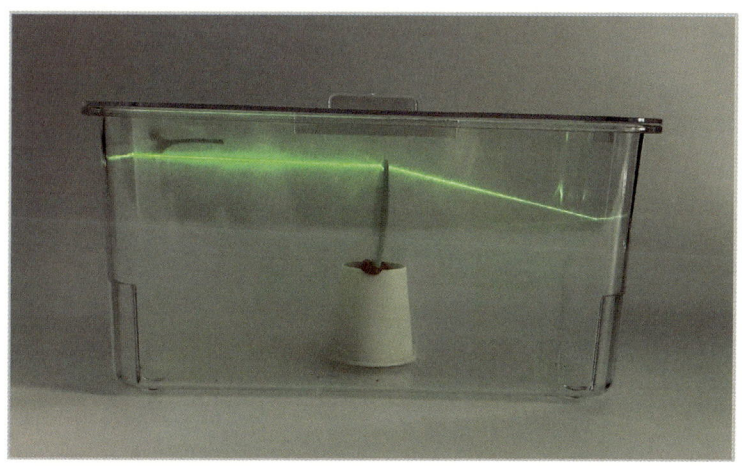

볼록 렌즈를 통과해 굴절하는 빛

생각의 힘

근시와 원시는 어떻게 다를까요? 맨눈으로 가까이 또는 멀리 있는 물체가 잘 보이지 않게 되면 안경을 써요. 가까운 곳은 잘 보지만 먼 곳을 잘 못 보는 눈을 근시라고 해요. 근시는 빛을 퍼지게 하는 오목 렌즈로 교정할 수 있어요. 먼 곳은 잘 보지만 가까운 것을 잘 못 보는 눈을 원시라고 해요. 원시는 빛을 한곳으로 모으는 볼록 렌즈로 교정해요.

시력이 나쁜 청소년은 대부분 근시로, 오목 렌즈를 이용한 안경으로 교정을 해요.

세균학의 아버지

파스퇴르가 파리에서 **발효** 현상을 연구하고 있을 무렵, 독일의 어느 시골 학교에서 의사의 꿈을 키우고 있는 로베르트 코흐라는 소년이 있었어요. 13남매 중 셋째인 코흐는 어려운 환경에도 독일의 괴팅겐 대학교에서 의학을 공부한 뒤, 폴란드 서부에 있는 포젠이라는 작은 마을에 병원을 **개업**했어요. 당시 유럽의 모든 의과 대학에서는 파스퇴르가 발견한 전염병의 원인에 대한 연구가 활발하게 일어나고 있었어요. 코흐도 여기에 관심을 갖고 있었으며, 아내에게 28번째 생일 선물로 받은

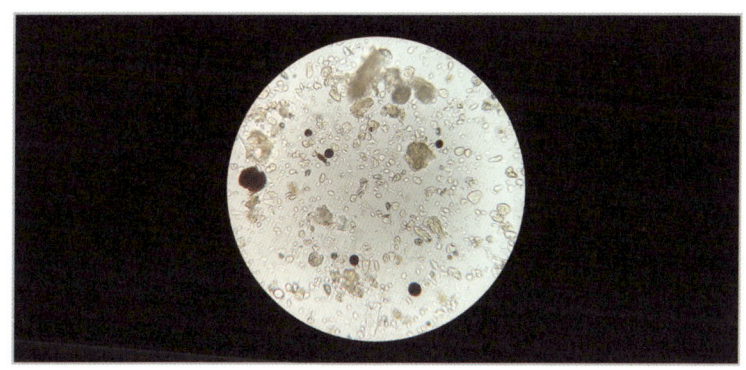
현미경으로 관찰한 미생물

현미경을 가지고 본격적으로 미생물에 대한 연구를 시작했어요.

코흐는 **탄저병**에 걸려 죽은 양의 피를 관찰하다가 아주 작은 막대 모양을 발견했어요. 이 작은 막대가 미생물이라고 생각한 코흐는 한 가지 실험을 하기 시작했어요. 상자 속에 있는 쥐의 꼬리에 상처를 내고 죽은 양의 피를 묻혀 쥐의 상태를 관찰하는 것이었지요. 다음 날 상자 속의 쥐는 죽어 있었고 그는 쥐의 피에서 작은 막대의 수가 훨씬 증가한 것을 발견했어요. 코흐는 그 작은 막대가 살아 있다는 확신을 가지고 번식시키는 연구를 계속하였어요. 몇 번의 실패 끝에 그는 소의 눈물에 떨어뜨린 죽은 쥐의 내장 조각이 가느다란 실처럼 변하더니 나중엔

하나의 실 무더기를 만드는 것을 발견했어요. 이 실 무더기처럼 보이는 것이 바로 탄저병의 병원체였어요. 코흐는 독일 베를린에 있는 국립 위생원의 연구소로 초청되어 자신의 연구를 세상에 알렸어요.

코흐는 탄저균뿐만 아니라 **결핵**균을 발견했어요. 당시 많은 학자들은 결핵은 **세균**과 무관하다고 생각했어요. 하지만 코흐는 탄저병과 마찬가지로 결핵도 세균이 작용한 병이라는 확신을 가지고 연구를 시작했어요. 그러나 현미경으로 결핵균을 발견하기가 쉽지 않았어요. 이즈음 살로몬센이라는 사람은 염료로 세균을 염색할 수 있다고 생각했어요. 우연히 이 이야기를 전해 들은 코흐는 그 방법을 이용해 보기로 하고, 결핵으로 죽은 사람의 폐를 가루로 만들어 여러 가지 색으로 염색했어요. 물감 가운데 결핵균만을 물들이는 것이 있다고 믿었기 때문이에요. 여러 번의 실험을 통해 **코흐는 한 가지 색으로 물든 약간 굽은 막대 모양의 균을 발견했어요.** 이 균을 배양해 쥐와 토끼에게 주사한 결과 모두 결핵에 걸려 죽는 것을 확인했어요. 1882년 드디어 결핵균을 발견한 것이었지요.

그 후 코흐는 세계 곳곳을 다니며 열대 지방에서 생기는 병을 연구하여 1883년에는 콜레라균을 발견했고, 1890년에는 결핵의 진단을 쉽게 내릴 수 있는 투베르쿨린이라는 약을 발명했어요. 그는 1905년 노벨상을 받았어요.

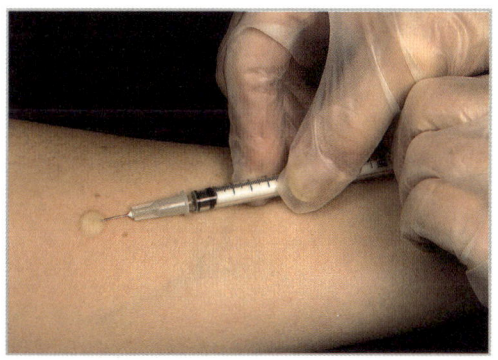

투베르쿨린 검사

문해력 UP

- **발효**: 산소 없이 물질을 분해하는 과정에서 우리 몸에 이로운 물질을 만드는 것
- **개업**: 영업을 처음 시작함
- **탄저병**: 탄저균을 가지고 있는 동물을 익히지 않고 먹는 과정에서 걸리는 가렵고 물집이 생기는 병
- **결핵**: 호흡하는 기관을 통해 결핵균이 몸속으로 들어와 걸리는 병으로, 폐가 상해 기침을 통해 피가 나오기도 함
- **세균**: 현미경으로 관찰할 수 있는 아주 작은 생물 유의어 박테리아

관련교과	과학 5학년
개념명	다양한 생물과 우리 생활

세균은 어떤 특징이 있을까요?

세균은 그 크기가 매우 작아 배율이 높은 현미경을 사용해야 관찰할 수 있어요. 세균의 생김새는 공 모양, 막대 모양, 나선 모양이 있고 꼬리가 달린 세균도 있어요. 세균은 움직일 수 있는 것과 움직일 수 없는 것이 있고, 하나씩 떨어져 있기도 하고, 여러 개가 서로 붙어 있기도 해요. 세균은 다른 생물에 비해 모양이 단순해요. 또한 눈에 보이지 않지만 다른 생물의 몸뿐 아니라 땅과 물에서도 살고, 책상이나 휴대 전화와 같은 물체에서도 살아요. 세균은 살기에 알맞은 조건이 되면 짧은 시간 안에 많은 수로 늘어날 수 있어요.

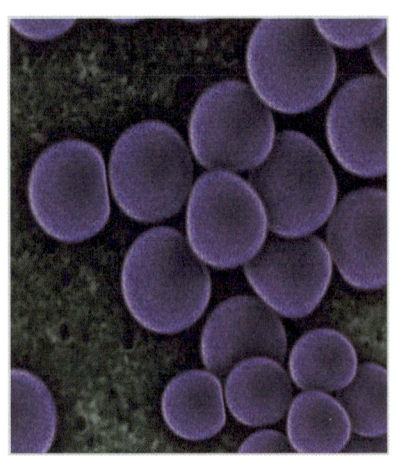

공 모양의 세균

세균은 우리 몸에 어떤 영향을 미칠까요?

세균은 죽은 생물이나 배설물을 분해하여 환경을 깨끗하게 해줘요. 또한 청국장, 요구르트 등 음식을 만드는 데 활용되고 남세균

은 산소를 만들기도 해요. 하지만 세균은 우리 몸에서 여러 가지 질병을 일으킬 수 있으며, 음식을 상하게 하기도 한답니다.

세균에 의해 분해되는 죽은 동물

생각의 힘

　세균은 다 나쁜 걸까요? 우리 주변에는 아주 작고 다양한 생물이 살고 있어요. 대표적으로 곰팡이와 버섯 같은 균류, 짚신벌레와 해캄 같은 원생생물, 세균 등이 있으며 이러한 생물은 우리 생활에 이로운 영향을 줘요. 균류나 세균은 된장, 치즈, 김치, 요구르트 등의 음식을 만드는 데 이용돼요. 원생생물은 주로 다른 생물의 먹이가 되거나 생물이 사는 데 필요한 산소를 만들기도 해요. 하지만 반드시 이로운 일만 하는 것은 아니에요. 때로는 균류, 원생생물, 세균이 음식이나 주변의 물건을 상하게 해요. 또 공기, 물, 음식, 물건 등을 거쳐 다른 생물로 옮아가서 질병을 일으키기도 하는 등 우리 생활에 해로운 영향을 주기도 해요.

균류, 원생생물, 세균 등 다양한 생물은 우리 생활에 이로운 영향뿐만 아니라 해로운 영향도 줘요.

쓰임새가 많은
거미

스파이가 나오는 영화에 가끔 등장하는 단역 배우 중에는 독거미가 있어요. 상대를 독으로 죽이는 킬러 역할을 주로 맡는 모습 때문에 인간에게 해로운 동물로 여겨지기도 해요. 하지만 **수만 종의 거미들 중에서 독거미는 몇 종류 없고 대부분 사람에게 해롭지 않아요.**

거미는 8개의 다리를 가지고 있어요. 다리에는 거미줄에 먹이가 걸렸을 때 잘 **감지**할 수 있도록 아주 가는 털이 나 있고 발에서는 특수한 기름 성분이 나와서 자기 자신이 거미줄에 달라붙지 않게 해 줘요. 거미의 몸통은 머리가슴과 배 부분으로 되어 있는데 배의 끝부분에서 **점액**이 나와 거미줄을 만들어요.

거미는 보통 허물을 7~8번 벗으며 자라는데, 허물을 벗는 과정에서 다리가 떨어지면 다시 새로운 다리가 자라기도 해요. 이렇게 어른이 된 거미의 몸길이는 1밀리미터에서 9센티미터 정도로 다양한데, 미국에 주로 사는 타란툴라라는 독거미는 길이가 9센티미터, 폭이 20센티미터로 세계에서 가장 큰 거미

타란툴라

로 알려져 있어요.

타란툴라보다 독성이 강한 거미로는 검은과부거미가 있는데, 검은과부는 수컷 거미를 잡아먹는 성질 때문에 붙은 이름이에요. 검은과부거미는 배 부분에 물시계 모양의 붉거나 노란 반점이 있어 쉽게 구별할 수 있어요. 한때 미국에서는 이 검은과부거미에게 물려 1년에 10명 정도 목숨을 잃었다고 해요.

검은과부거미

이렇게 인간에게 해를 입히는 거미도 있지만, 일상생활에서 많은 도움을 주는 거미도 있어요. 뉴기니에 사는 사람 중에는 거미줄로 그물을 만들어 1.5킬로그램이나 되는 물고기를 잡기도 하고, 호주에서는 거미줄을 꽈배기처럼 꼬아서 낚시의 미끼로 사용했다고 해요. 1710년 영국에서는 거미줄로 양말을 만들기도 했어요. 그리고 우리나라에서는 기억이 흐릿한 부모님의 옷 속에 거미줄을 넣어 두면 기억력이 도망가려다가 잡힌다는 얘기가 전해져요. 또 중국에서는 거미에게 돼지기름을 100일 동안 먹여 기른 다음 그 거미 기름을 짜서 헝겊에 바르거나 거미줄로 헝겊을 만들었더니 물이 새지 않는다는 이야기가 전해져요.

옛날부터 계속된 활발한 연구로 합성 거미줄이 낙하산 끈이나 보온복, 방탄조끼를 만드는 데 이용되고, 수술할 때 상처를 꿰매는 실로 쓰이기도 하는 등 거미는 우리 생활에 큰 도움을 줘요.

문해력 UP

- **감지**: 느끼어 아는 것 　유의어　 감각, 인식, 지각
- **점액**: 끈끈한 성질이 있는 액체 　유의어　 끈끈액, 진

관련교과	과학 3학년
개념명	동물의 한살이

곤충은 어떤 특징이 있을까요?

잠자리, 배추흰나비 등은 몸이 머리, 가슴, 배의 세 부분으로 구분되며 가슴 부분에 날개 두 쌍과 다리 세 쌍이 있어요. 이처럼 몸이 머리, 가슴, 배로 구분되며 다리가 세 쌍인 동물을 곤충이라고 해요. 배추흰나비를 비롯한 많은 곤충들이 날개가 있는 경우가 많지만 날개가 없는 것도 있어요. 개미의 경우 짝짓기를 해야 하는 여왕개미나 수개미는 날개가 있지만, 짝짓기를 하지 않는 일개미는 날개가 없어요. 초파리는 날개가 한 쌍밖에 없는 데도 곤충이라고 해요. 이처럼 여러 동물을 곤충으로 분류할 때에는 날개는 두 쌍이어도 되고, 한 쌍이어도 되고, 없어도 된답니다.

다리가 세 쌍인 잠자리

거미는 곤충인가요?

곤충은 몸이 머리, 가슴, 배의 세 부분으로 구분되어 있지만 거미는 몸이 머리가슴, 배의 두 부분으로 구분되어요. 또 곤충은 다리가 세 쌍이지만 거미는 다리가 네 쌍이에요. 이처럼 거미는 곤충과 생김새는 비슷해 보이지만 구조는 전혀 달라요. 즉, 거미는 곤충이 아니랍니다.

다리가 네 쌍인 거미

생각의 힘

곤충과 거미의 또 다른 차이점에는 무엇이 있을까요? 곤충은 애벌레에서 어른벌레로 변하는 과정에서 탈바꿈을 해요. 곤충이 탈바꿈을 하는 까닭은 애벌레와 어른벌레의 역할이 다르기 때문이에요. 애벌레는 양분을 얻는 역할을 하고, 어른벌레는 멀리 이동해서 알을 낳는 역할을 하거든요. 반면에 거미는 허물벗기를 하면서 자라는데 허물벗기는 몸을 크게 만들기 위해 딱딱한 껍질을 벗으면서 자라는 것을 말해요.

곤충은 탈바꿈을 하고, 거미는 허물벗기를 해요.

쓰임새가 많은 거미

숯에 담긴
옛 어른의 지혜

숯은 나무를 이용해서 만들어요. **나무를 공기가 적은 곳에서 태우면 탄소라는 성분만 남게 되는데, 이것이 숯이에요. 숯은 아주 오래전부터 생활 곳곳에서 다양하게 사용됐어요.** 그 쓰임새 하나하나를 살펴보면 놀랍도록 과학적이에요.

우물을 팔 때는 바닥에 숯을 묻어 두었는데 그러면 물맛이 좋아졌다고 해요. 숯에 있는 좋은 성분이 물에 녹아들기도 하고, 또 숯에 난 아주 작은 구멍들이 더러운 물질을 빨아들여 물을 깨끗하게 만들었어요.

간장이나 된장을 담글 때 커다란 장독 안에 물에 씻은 숯을 넣는 까닭은 바로 숯의 살균 효과 때문이에요. 숯은 해로운 균을 없애 주고 좋

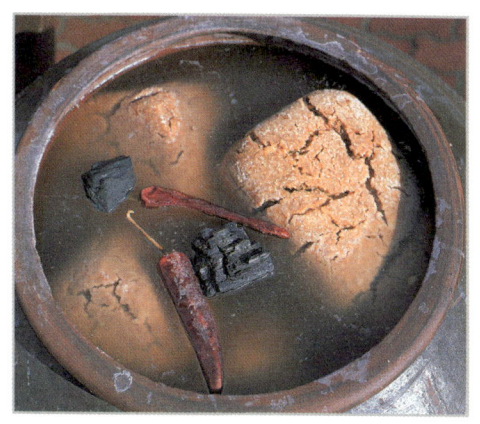

장독 안에 든 숯

은 **미생물**을 활발히 번식시키거든요. 또한 숯은 음식을 상하게 하는 것을 막는 성질이 있어서 음식과 함께 놓아두면 음식이 잘 썩지 않아요. 그래서 옛 어른들은 창고에 늘 숯을 넣어 두었다고 해요. 며칠씩 준비한 제사 음식을 창고에서 신선하게 보관할 수 있었던 비결이 바로 여기 있었던 것이에요. 또한 숯은 불에 잘 붙어서 연료로도 많이 쓰여요.

연료로 이용되는 숯

1972년 중국 호남성에서 약 2500년 전의 **고분**이 발견됐어요. 그런데 무덤 속의 시체는 죽은 지 4일 정도 지난 상태를 유지하고 있었고, 시체에서 나온 오이 씨앗을 심었더니 모두 싹이 텄다고 해요. 이런 놀라운 일을 가능하게 한 것이 바로 무덤 위에 덮여 있던 약 5톤가량의 숯이었어요.

요즘에는 아기를 낳고 문 앞에 **금줄**을 치는 일을 하나의 풍습이나 미신으로 여기지만, 여기에서도 조상의 지혜를 엿볼 수 있어요. 실제로 금줄에 매단 숯이 **산모**와 아기를 해로운 미생물로

금줄에 매단 숯

부터 보호해 준다고 해요.

숯은 실내의 습도를 조절해 주기도 해요. 옛날에는 집터에 습기를 없애기 위해 기초 공사를 할 때 숯을 묻었으며, 이러한 성질을 문화유산 보존에도 이용했어요. 780여 년의 역사를 가지고 있는 해인사의 팔만대장경이 현대 과학으로는 이해되지 않을 만큼 훌륭한 상태로 보존된 것은 땅속에 묻힌 많은 양의 숯이 습도를 조절한 덕분이라고 해요.

문해력 UP

- **미생물** : 맨눈으로 볼 수 없는 아주 작은 생물
- **고분** : 옛 시대에 만들어진 무덤 〔유의어〕 무덤
- **금줄** : 부정한 것의 침범이나 접근을 막기 위하여 문이나 길 어귀에 건너질러 매거나 신성한 대상물에 매는 새끼줄
- **산모** : 아기를 갓 낳은 여자 〔유의어〕 산부
- **습도** : 공기 중에 수증기가 포함되어 있는 정도

관련교과	과학 5학년
개념명	날씨와 우리 생활

습도란 무엇일까요?

식탁 위에 물이 담긴 컵을 두고 어느 정도 시간이 지나면 컵에 든 물의 양이 조금 줄어들어요. 물이 수증기가 되어 공기로 이동했기 때문이지요. 이렇게 눈에 보이지는 않지만 공기 중에는 수증기가 있어요. 그리고 공기 중에 수증기가 포함된 정도를 습도라고 해요.

건습구 습도계는 건구 온도계와 습구 온도계의 온도 차이를 이용해 습도를 측정하는 도구예요. 습구 온도계는 젖은 헝겊으로 감싸여 있고, 일반적으로 습구 온도계로 측정한 온도는 건구 온도계로 측정한 온도보다 낮아요. 두 온도의 차이가 클수록 습도가 낮은 것이지요.

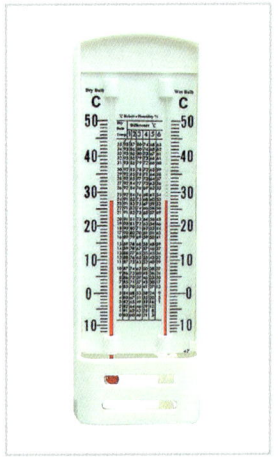

건습구 습도계

습도는 우리 생활에 어떤 영향을 미칠까요?

공기 중에 수증기가 많이 포함되어 있으면 '습도가 높다.'라고 하고 적게 포함되어 있으면 '습도가 낮다.'라고 해요. 습도가 높은 날에는 빨래가 잘 마르지 않고 음식물이 상하기 쉬워요. 하지만 습도가

낮은 날에는 빨래가 잘 마르는 대신 피부가 건조해지며 산불이 발생하기 쉬워요.

습도가 낮은 맑은 날

생각의 힘

건습구 습도계로 어떻게 습도를 알 수 있을까요? 온도계 두 개 중 하나는 건구 온도계로, 다른 하나는 액체 샘 부분을 헝겊으로 감싼 뒤 헝겊 아랫부분을 물에 잠기도록 하여 습구 온도계로 설치해요. 습구 온도계는 온도계를 감싸고 있는 젖은 헝겊의 물이 주변의 열에너지를 흡수하여 수증기로 증발하기 때문에 눈금이 낮아져요. 따라서 건구 온도와 습구 온도 사이의 온도 차가 발생하게 되는데, 이것으로 습도를 알 수 있어요. 하지만 요즘에는 숫자가 나타나는 간단한 습도계를 사용해요.

숫자로 표시되는 습도계

> 습도가 높은 날에는 공기 중에 수증기가 많이 포함되어 있기 때문에 비가 오지 않아도 축축한 느낌이 나요.

바닷물이 파랗게 보이는 까닭은?

 지구상에서 바다만큼 사람들의 마음을 강하게 끌어당기는 것도 드물어요. 그래서 시인, 화가, 소설가, 사진작가, 유튜버들이 바다의 신비한 매력을 표현해 보지만 그 누구도 바다를 완전하게 설명하지는 못해요. 바다는 그 자체가 풀리지 않는 하나의 수수께끼예요.

 바다는 단순히 물에 소금을 포함한 여러 가지 물질이 섞여 있는 곳이 아니에요. **해역**에 따라 그 환경과 **서식**하는 동식물들이 달라 만약 열대 해역의 물고기를 다른 해역으로 옮겨 놓으면 오래 살지 못해요. 또한 물은 순환할 때 생명체들이 모여 살 수 있는 공간이 되는데, 제아무리 푸르고 깨끗한 바닷물이라도 그릇에 담아 놓으면 그저 평범한 물이 되고 말지요.

바다 냄새는 매우 다양해요. 비릿한 냄새는 우리가 흔히 먹는 소금의 화학적 이름인 염화 나트륨에서 나는 것이지만, 해역에 따라 약품과 비슷한 냄새가 나거나 **해초** 냄새가 나기도 해요. 어두운 바닷속에서는 냄새가 가장 강력한 무기가 돼요. 피 냄새를 잘 맡는다고 알려진 상어뿐만 아니라 바닷속 모든 생물들은 냄새를 이용해서 공격하거나 자기 몸을 지켜요.

다양한 생물이 사는 바다

우리가 보는 바다는 푸른색으로 보이지만 막상 바닷물을 그릇에 떠 놓고 보면 보통의 물처럼 투명하지요. 이것은 하늘이 파랗게 보이는 것과 같은 원리로 햇빛에 비친 바닷물이 파란색만 반사하고 다른 색은 모두 흡수하기 때문이에요. 그런데 바닷물이 꼭 푸른색만 띠는 것도 아니에요. 바닷물이 붉은색을 띠기도 하는데, 바닷속에 사는 무수히 많은 작은 생물들 때문이에요. 그래서 고래들의 먹이인 크릴이 많은 대서양은 바다 표면에 빨간 줄무늬가 보이거나 갈색을 띠지요. 육지에서 멀리 떨어진 바다 한가운데는 **미생물**과 영양분이 비교적 적기 때문에 파란색을 띠지요. 밤에는 바다 표면 바로 아래에서 빛이 깜빡거

푸른색으로 보이는 바다

리는 것을 볼 수 있는데, 이 빛은 대개 바닷속 미생물들이 밤에 물 위로 솟아오를 때 내는 빛이에요. 물고기와 오징어 같은 생물들이 스스로 빛을 낼 때도 있지만 대부분 그 빛은 물고기와 오징어의 내부나 표면에 사는 **박테리아**가 내는 것이에요. 영국의 시인 새뮤얼 테일러 콜리지는 이 깜박거리는 빛이 마치 유령 같다 하여 〈늙은 선원의 노래〉에서 '마녀가 피우는 불'이라고 표현했어요.

문해력 UP

- **해역** : 바다 위의 일정한 구역
- **서식** : 생물 따위가 일정한 곳에 자리를 잡고 사는 것   유의어 서숙
- **해초** : 바다에 나는 식물을 통틀어 이르는 말
- **미생물** : 맨눈으로 볼 수 없는 아주 작은 생물
- **박테리아** : 생물체 가운데 가장 작고, 가장 아래 등급에 속하는 한 개의 세포로 이루어진 생물   유의어 균, 세균

관련교과	과학 3학년
개념명	지구의 육지와 바다

바다는 어떤 특징이 있을까요?

지구 표면의 약 70퍼센트는 바다로 덮여 있어요. 하지만 지구 전체 부피에서 바다가 차지하는 비율은 약 0.1퍼센트에 불과해요.

지구 표면의 약 70퍼센트를 차지하는 바다

바다는 크게 태평양, 대서양, 인도양, 남극해, 북극해로 구분하고 있어요. 태평양처럼 큰 바다를 '대양'이라고 부르고, 대양에 비해 작은 바다는 '해'라고 불러요. 우리나라를 둘러싼 서해, 동해, 남해 등이 '해'에 속하는 것이지요.

바다와 육지는 큰 차이가 있어요. 바닷물에는 짠맛이 나는 소금을 포함해서 여러 가지 물질이 녹아 있어요. 그래서 육지의 물과 달리 바닷물은 짠맛이 나요. 또한 바다는 육지보다 더 넓고, 바닷속에도 육지처럼 땅이 있어요.

바닷물이 짠 까닭은 무엇일까요?

바닷물에는 염화 나트륨, 염화 마그네슘, 황산 마그네슘 등과 같

바닷속 땅

은 물질이 녹아 있으며 이러한 물질을 염류라고 해요. 염류 중에서 가장 많은 양을 차지하는 것은 짠맛을 내는 염화 나트륨이에요. 전 세계 바닷물에는 1킬로그램에 약 35그램의 염류가 녹아 있다고 해요.

생각의 힘

지구에 존재하는 물 중에서 바닷물은 어느 정도의 비중을 차지할까요? 지구 표면은 70퍼센트 이상이 물로 덮여 있어요. 지구에는 바닷물 외에도 빙하수, 지하수, 하천, 호수 등 다양한 형태로 물이 존재해요. 바닷물은 지구 전체 물의 약 97.5퍼센트를 차지하고 있으며, 나머지 약 2.5퍼센트가 육지에 있는 물이에요. 육지에 있는 물은 대부분 빙하, 지하, 강, 호수 등에 있어요. 그중에서 가장 많은 양을 차지하는 것은 빙하이고 공기 중에 있는 수증기는 매우 적은 양을 차지해요.

지구에 있는 물의 대부분은 바닷물이고, 육지의 물의 대부분은 빙하예요.

바닷물이 파랗게 보이는 까닭은?

가장 오래된
소리 없는 언어

    과학자들은 냄새를 세계에서 가장 오래된 언어이자 소리 없는 언어라 해요. 그 까닭은 대부분의 생물들이 **선사 시대**부터 **의사 교환**을 위해 주로 후각을 사용해 왔기 때문이에요.

    동물에게 있어서 냄새는 자신이 어떤 동물인지를 보여 주는 동시에 내 영역과 소유를 나타내는 수단이기도 해요. 개나 늑대는 자기 영역의 경계선 주변에 소변을 눠 냄새가 나도록 해요. 또한 냄새는 **번식**에도 영향을 미쳐요. 암컷 매미나방은 봄철에 짝짓기 할 준비가 되었다는 것을 알리기 위해 냄새를 풍겨요. 그러면 그 냄새는 멀리 떨어진 수컷 매미나방에게 전해져 암컷에게로 날아오게 하지요.

매미나방

냄새는 사람에게도 영향을 미쳐요. 특히 레몬 냄새는 사람의 마음을 편안하게 하고 물건을 사고 싶게 만든다고 해요. 또한 집에서 케이크 굽는 냄새가 나면 집에 들어왔을 때 편안함을 느낀다고 해요. 그래서 쇼핑몰의 레스토랑에서 손님들을 끌 목적으로 멀리서도 맛있는 음식 냄새가 나도록 하지요. 그 밖에도 옷이나 타이어, 필기도구, 장난감 등에도 냄새를 풍기게 하는 경우가 많아요.

사람마다 냄새를 맡을 수 있는 정도와 구별할 수 있는 정도가 다르지만 **1만 가지 이상의 냄새를 구별할 수 있어요**. 사람마다 좋아하는 냄새는 다르지만 많은 사람이 두루 좋아하는 냄새가 있어요. 이는 나라와 문화에 상관없이 나타나요. 영국 옥스퍼드대학교와 스웨덴 카롤린스카연구소에서는 문화권과 생활 환경이 다른 전 세계 9개의 지역을 골라 사람들이 공통적으로 좋아하는 냄새를 조사했어요. 그 결과 1위는 바닐라 향, 2위는 복숭아 향, 3위는 라벤더 향이 꼽혔어요. 가장 불쾌한 냄새로는 땀에 젖은 발냄새가 꼽혔고, 그 밖에도 마늘과 썩은 생선 냄새가 순위에 올랐다고 해요.

동물은 사람에 비해 냄새를 잘 맡아요. 유럽의 양을 지키는 개의 콧속에는 냄새를 맡는 **세포**가 무려 2억 2천만 개나 있는데, 인간 보다 44배나 많아요. 물고기도 냄새를 맡을 수 있어요. 상어는 '바다의 사냥개'로 불릴 만큼 냄새를 잘 맡아요. 수백 미터나 떨어져 있는 먹잇감의 피 냄새를 맡고 찾아오지요. 연어가 드넓은 바다와 꼬불꼬불한 강물을 지나 태어난 곳으로 돌아가는 것도 고향의 냄새를 기억해서라는 주장이 있어요.

양을 지키는 개

냄새로 고향을 찾아가는 연어

문해력 UP

- **선사 시대** : 기록이 남아 있지 않을 정도로 오래된 시대로, 석기 시대와 청동기 시대 <반의어> 역사 시대
- **의사 교환** : 무엇을 하고자 하는 생각을 서로 주고받는 것
- **번식** : 생물이 자기 자손을 늘리고 유지하는 현상
- **세포** : 생물체를 이루는 기본 단위

관련교과	과학 6학년
개념명	자극과 반응

감각 기관은 어떤 일을 할까요?

우리 몸은 주변의 자극을 느끼고 받아들여 적절하게 반응해요. 우리 몸에 물체를 보고, 소리를 듣고, 냄새를 맡고, 맛과 촉감을 느낄 수 있는 감각 기관이 있기 때문이에요. 눈으로 빛을 통해 사물을 볼 수 있고, 귀로 공기의 떨림을 통해 소리를 들을 수 있어요. 피부로 다양한 촉감과 온도, 압력을 느낄 수 있고, 혀로 맛을 구별할 수 있으며, 코로는 냄새를 맡을 수 있지요.

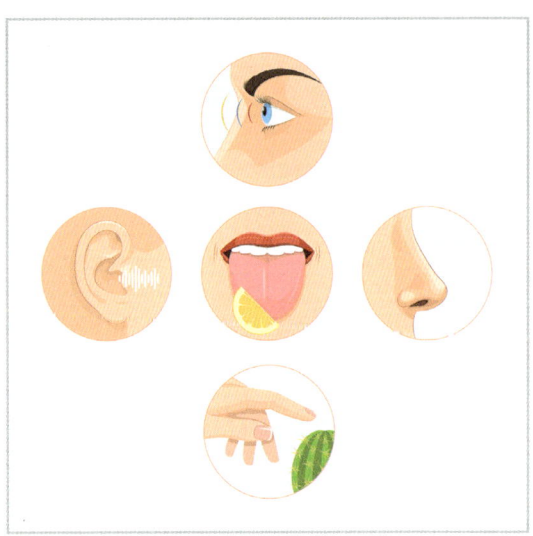

우리 몸의 다섯 가지 감각 기관

자극은 어떻게 전달될까요?

우리는 감각 기관을 통해 냄새를 맡고 이를 뇌에 전달하여 어떤 냄새인지 판단해요. 그리고 판단한 결과로 코를 막거나 냄새를 따라가는 등의 반응을 하지요. 그렇다면 자극은 어떻게 전달되는 것일까요?

냄새를 맡는 모습

감각 기관에서 받아들인 자극은 신경계를 통해 전달돼요. 신경계는 받아들인 자극을 종합하여 행동을 결정하고 운동 기관에 명령을 전달하지요. 운동 기관은 전달받은 명령을 수행한답니다.

생각의 힘

뜨거운 컵을 만졌을 때 빨리 손을 떼는 것은 의식적인 반응일까요? 무의식적인 반응일까요? 자극에 대한 반응에는 의식적인 반응과 무의식적인 반응이 있어요. 예를 들어 공이 날아오는 것을 보고 잡는 것은 의식적인 반응이에요. 시각적 자극을 분석해 뇌에서 공을 잡을지 피할지 결정하여 몸이 반응하도록 한 것이지요. 반면 뜨거운 것에 손이 닿았을 때 순식간에 손을 떼는 것, 맛있는 음식을 보면 입에 침이 고이는 것, 재채기 등은 의식하지 않아도 일어나는 무의식적인 반응이에요.

> 자극에 대한 반응 중에는 저절로 일어나는 무의식적인 반응이 있어요.

3일은 춥고
4일은 따뜻하다?

무더운 여름과 선선한 가을이 지나면 겨울이 찾아와요. 겨울은 대체로 춥지만 매일매일 춥기만 한 건 아니에요. 추운 날도 있고 조금 덜 추운 날도 있어요. 매일 춥기만 하면 겨울을 지내기가 무척 어려울 거예요.

우리 조상들은 날씨에 관련된 많은 속담을 남겼어요. 겨울철 우리나라의 날씨 특징을 잘 나타낸 **삼한사온**이 가장 많이 알려져 있어요. 삼한사온은 글자 그대로 3일은 춥고 4일은 따뜻하다는 말로, 날씨가 정상적으로 변화할 때에 일주일의 날씨가 대체로

그렇다고 해요.

우리나라 겨울이 추운 까닭은 시베리아에서 발생해 이동한 공기 덩어리인 대륙성 고기압 때문이에요. 이 **고기압**이 발달하여 우리나라 쪽으로 밀려오며 바람이 강하게 부는데, 이때에 추운 날씨가 약 3일 정도 이어져요. 대륙성 고기압이 약해졌다가 다시 강해질 때까지 약 4일 정도가 걸리는데, 이 기간에는 날이 풀려 따뜻해요.

눈이 내린 추운 겨울

삼한사온 중 사온에 속하는 날에는 주로 눈이 내려요. 눈이 오려면 구름이 끼어야 하고 구름이 끼려면 수증기가 **응결**해야 해요. 물이 증발할 때는 주변의 열을 빼앗는데, **증발**된 수증기가 다시 응결할 때는 빼앗아 갔던 열을 내놓으므로 기온이 그만큼 따뜻해져요.

옛말에 '눈 오는 날 거지 빨래한다.'고 했어요. 꽁꽁 얼어붙은 곳에서 한 벌뿐인 옷을 벗어 빨래하기란 쉬운 일이 아니지요. 그래도 눈이 오는 날은 다른 날보다 젖은 옷이 빨리 마르기 때문에 이날을 택하여 빨래를 했다는 데서 나온 말이에요. '눈이

보리

많이 오면 보리 풍년 든다.'는 말도 있는데, 수북이 쌓인 눈이 보리를 덮어 싹이 얼지 않게 해 주고, 녹은 눈에서 물과 영양분을 얻기 때문에 눈이 많이 내리면 그해 보리 **수확**이 좋았다고 해요.

그러나 **요즘은 공해 등으로 인한 이상 기후가 자주 나타나 겨울에 삼한사온만 반복되지는 않아요.** 해에 따라서는 포근한 날씨가 이어져 한겨울에 눈 대신 비가 자주 내리기도 하고 반대로 강추위가 열흘씩 이어지기도 해요.

문해력 UP

- **삼한사온** : 겨울철에 추운 날씨가 3일간 계속되다가 이후 따뜻한 날씨가 4일가량 계속되는 주기적인 현상
- **고기압** : 주위보다 상대적으로 기압이 높은 곳   반의어 저기압
- **응결** : 기체가 액체로 상태가 변하는 현상   반의어 증발
- **증발** : 어떤 물질이 액체 상태에서 기체로 변하는 현상   반의어 응결
- **수확** : 익은 농작물을 거두어들이는 것

관련교과	과학 5학년
개념명	날씨와 우리 생활

우리나라에 영향을 미치는 공기 덩어리는 무엇일까요?

한 지역에 새로운 공기 덩어리가 이동해 오면 그 지역의 온도와 습도는 새롭게 이동해 온 공기 덩어리의 영향을 받아요. 우리나라의 경우 봄과 가을에는 남서쪽에 있는 공기 덩어리의 영향으로 따뜻하고 건조해요. 초여름에는 짧은 기간 동안 북동쪽 바다에 있는 온도가 낮고 수증기를 많이 포함한 공기 덩어리의 영향을 받아서 이때 동해안은 서늘하고 습한 날이 자주 이어져요. 여름에는 남동쪽에 있는 공기 덩어리의 영향으로 매우 덥고 습해요. 반면 겨울에는 북서쪽에 있는 공기 덩어리 영향으로 매우 춥고 건조해요.

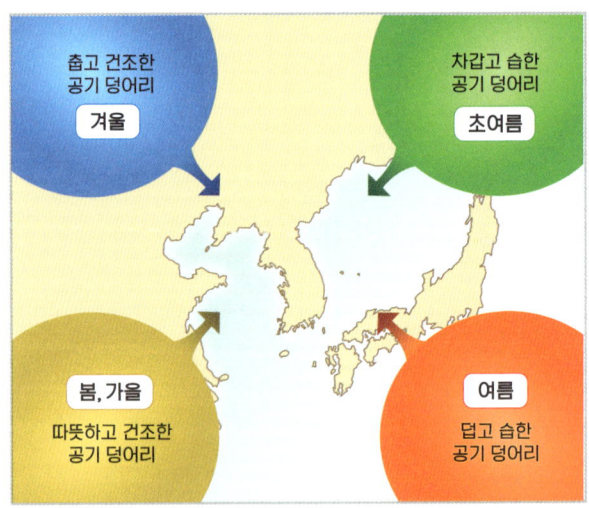

우리나라에 영향을 미치는 계절별 공기 덩어리

바람이 부는 까닭은 무엇일까요?

어느 두 지역의 기압이 차이가 있으면 공기가 이동하는데, 공기는 기압이 높은 곳에서 낮은 곳으로 이동해요. 즉, 고기압에서 저기압으로 이동을 하게 되지요. 바닷가에서 부는 바람을 예를 들어 설명하면, 낮에는 육지가 바다보다 온도가 높기 때문에 육지 위가 저기압, 바다 위가 고기압이 돼요. 그래서 낮에는 바람이 바다에서 육지로 불게 되는 것이지요. 반대로 밤에 바다 온도는 서서히 내려가고, 육지의 온도는 빨리 내려가기 때문에 바다의 온도가 더 높아져요. 따라서 온도가 낮은 육지가 고기압이 되고, 온도가 높은 바다가 저기압이 되어 바람이 육지에서 바다로 불게 되는 것이지요.

생각의 힘

온도에 따라 공기의 무게는 달라질까요? 차가운 공기는 따뜻한 공기보다 상대적으로 무거워요. 따라서 커다란 플라스틱 통에 차가운 공기를 넣고 무게를 재면, 따뜻한 공기를 넣고 잰 무게보다 더 무거워요. 기체의 온도가 높을수록 일정한 부피에 포함될 수 있는 기체 알갱이의 수는 적어져요. 플라스틱 통에 차가운 공기를 넣었을 때 들어갈 수 있는 기체 알갱이의 수는 따뜻한 공기를 넣었을 때보다 많으므로 차가운 공기가 든 플라스틱 통의 무게가 더 무거운 것이에요.

차가운 공기는 따뜻한 공기보다 더 무거워요.

위아래로 움직이는
고속도로

　대도시에 높이 솟은 빌딩들이 모여 있는 모습은 어디에서나 흔히 볼 수 있는 풍경이에요. 숲속 나무처럼 빼곡히 들어서 있는 빌딩은 일정한 넓이의 땅을 최대한 많이 활용할 수 있고, 이동 거리를 단축시킬 수 있다는 점에서 사회가 발전할수록 더욱 그 수가 증가하고 있어요. 우리가 이렇게 **높은 건물을 지을 수 있었던 건 엘리베이터가 발명되었기 때문이에요**. 엘리베이터가 발명되기 전까지는 사람이 걸어서 올라갈 수 있는 높이가 **한정**되어 있어서 지금처럼 초고층 건물은 없었어요.

도시의 높은 빌딩

만약 엘리베이터가 고장 나서 10층 이상의 높은 건물을 무거운 짐을 지고 계단으로 올라가야 한다고 생각해 보세요. 엘리베이터에 익숙한 우리는 차마 걸어서 올라갈 엄두를 내지 못할 거예요. 이처럼 엘리베이터가 없었다면 우리는 높은 빌딩에서 살아가기 어려웠음은 물론 빌딩도 더 이상 높아지지 못했겠지요.

엘리베이터

위아래로 움직이는 고속도로

사람과 짐을 위아래로 빠르고 안전하게 옮겨 주는 '움직이는 고속도로'인 엘리베이터의 역사는 아주 오랜 옛날부터 시작되었어요. **기원전** 230년경 고대 그리스 과학자 아르키메데스는 밧줄과 도르래를 사용해 단순한 형태의 엘리베이터를 만들었어요. 아르키메데스는 둥근 통 한가운데 축을 만들고 굵은 끈을 연결하여 다른 둥근 통을 매달아 동물이나 사람이 **축**을 돌리면 위아래로 통이 움직이도록 했어요.

그 후 여러 사람에 의해 인간과 짐을 높은 곳으로 끌어 올리기 위한 다양한 방법이 **고안**되었는데, **엘리샤 오티스는 현대적인 엘리베이터라고 할 수 있는 낙하 방지 장치가 달린 엘리베이터를 발명하였어요.** 평소 발명하기를 좋아하고 항상 재치로 주위 사람들을 웃게 만들었던 오티스는 1854년 뉴욕에서 열린 만국박람회장에서 새로 고안한 엘리베이터를 처음으로 선보였어요. 그는 자신이 발명한 엘리베이터에 안전장치가 달려 있음을 사람들에게 큰 소리로 알리고 직접 엘리베이터에 올라탔어요. 오티스가 탄 엘리베이터가 높이 올라갔고 그는 엘리베이터의 줄을 끊었어요. 곧장 떨어질 줄 알았던 엘리베이터는 안전장치에 의해 안전하게 멈추었죠. 오티스는 놀란 눈으로 멍하니 바라보고 있는 사람들에게 익살스러운 표정을 지으며 모자를 벗어 흔들었다고 해요. 최초의 현대식 엘리베이터가 세상에 알려지던 순간이었어요.

현대식 엘리베이터를 선보이는 오티스

문해력 UP

- **한정** : 수량이나 범위 따위를 제한하여 정함 유의어 국한
- **기원전** : 예수가 태어나기 이전의 시대 반의어 기원후
- **축** : 수레바퀴의 한가운데에 뚫린 구멍에 끼우는 긴 나무 막대나 쇠막대
- **고안** : 연구하여 새로운 안을 생각해 내는 것 유의어 궁리, 개발, 발명

관련교과	과학 5학년
개념명	물체의 운동

물체가 운동한다는 것은 무엇일까요?

우리 주변에는 도로를 지나는 자동차처럼 시간에 따라 위치가 변하는 것도 있고, 나무처럼 항상 위치가 그대로인 것도 있어요. 시간이 지남에 따라 물체의 위치가 변할 때 그 물체가 운동한다고 해요. 하지만 시간이 지나도 위치가 변하지 않는다면 그 물체는 운동하지 않은 것이에요. 또한 우리 주변에는 롤러코스터나 엘리베이터와 같이 빠르기가 변하는 운동을 하는 물체도 있고, 회전목마나 대관람차처럼 빠르기가 일정한 운동을 하는 물체도 있어요.

빠르기가 변하는 롤러코스터   빠르기가 일정한 대관람차

물체의 빠르기는 어떻게 나타낼까요?

우리는 일상생활에서 물체의 빠르기를 나타낼 때 속력을 사용해요. 속력은 이동한 거리와 걸린 시간을 나누어 구해요. 이렇게 하면

자동차의 속력을 나타내는 계기판

걸린 시간과 이동 거리가 다른 여러 물체의 운동을 쉽게 비교할 수 있어요.

예를 들어 2시간 동안 12킬로미터를 이동한 자전거의 속력은 1시간 동안 6킬로미터를 이동한 것이므로 속력은 6km/h로 나타내고, '육 킬로미터 매 시' 또는 '시속 육 킬로미터'라고 읽어요. 만약 자전거가 3시간 동안 21킬로미터를 이동했다면 이 자전거의 속력은 7km/h가 되는 것이지요. 자동차를 타면 운전석 앞에 자동차의 속력을 확인하는 장치인 계기판이 있어요.

거리를 나타내는 단위로는 무엇이 있을까요? 국제 단위계에서 거리의 표준 단위를 미터(m)로 정의하지만, 영국과 미국에서는 거리의 단위로 마일(mile)을 사용하는 경우가 많아요. 마일은 고대 로마 시대에 병사들의 1천 걸음을 표기한 것이라고 전해지는데, 1마일은 계산했을 때 1,609.344미터에 해당되는 길이예요. 해리는 항공이나 선박의 항해에 주로 사용되는 길이의 단위예요. 적도에서 북극까지를 90으로 나눈 위도 1도를 다시 60으로 나눈 값을 1해리로 사용하고 있어요. 이 길이는 약 1,852미터에 해당되지요.

> 미터, 마일, 해리는 모두 거리를 나타내는 단위예요.

대폭발로 팽창하는 우주

우주의 끝이 어디인지 상상이 가나요? 우주 어딘가에도 지구와 같이 생명체가 살고 있을까요? 우주에 대한 연구는 우리의 상상과 호기심에서 시작되었으나, 이를 명확하게 설명할 수 있는 이론은 아직 정의되지 못했어요. 처음에는 우주의 시간과 공간이 절대로 변하지 않는다는 정상 우주론이 지배적이었으나 **빅뱅 이론**이 발표되면서 정상 우주론은 꼬리를 감추었죠.

빅뱅 이론이란 우주가 초기부터 지금에 이르기까지 끊임없이 **대폭발**을 거듭하면서 **팽창**해 왔다는 학설이에요.

초기 우주는 본래 티끌보다 작은 하나의 점에 불과했는데 이것을 우주의 씨앗이라 불러요. 이 우주의 씨앗은 상상을 초월할 정도로 뜨거웠지만 대폭발을 거듭하면서 온도가 낮아져 은하나 별 등으로 진화했다는 이야기가 있어요. 이에 따라 빅뱅이 일어난 이후의 시간을 계산해 보면 우주의 나이가 140억 년쯤 되었을 것이라 추정하고 있으며 지금도 대폭발로 인해 우주는 계속 팽창하고 있다고 해요.

빅뱅 이론에 따르면 우주가 팽창할 때 은하나 별은 팽창하지 않는다고 해요. 다만 물질 사이의 공간이 팽창하기 때문에 80억 년 전에는 은하들 간의 거리가 지금보다 2배 가까웠을 것이고 100억 년 전에는 지금보다 3배 가까웠을 거라고 추측해요.

우주가 팽창한다는 사실은 미국의 천문학자인 에드윈 허블이 증명을 했어요. 먼 거리에 있는 은하들이 지구로부터 빠르게 멀어지고 있다는 걸 밝혀낸 거

우주 대폭발

예요. 또한 1920년대까지는 태양계가 속해 있는 우리은하가 유일하다고 생각했어요. 그런데 허블이 우리은하와 비슷한 것들이 있다는 걸 찾아낸 거예요.

하지만 빅뱅 이론에 대해 반론을 제기하는 과학자도 많아요. 실제로 빅뱅 이론의 핵심적인 내용들이 관측 사실과 일치하지 않아 의문점을 안고 있기에 신기루에 불과하다고 주장하는 것이죠. 예를 들어 빅뱅 이론에 따라 우주 대폭발이 계속되고 있다면 우주는 테이블의 동그란 원처럼 균일하게 분포되어 있어

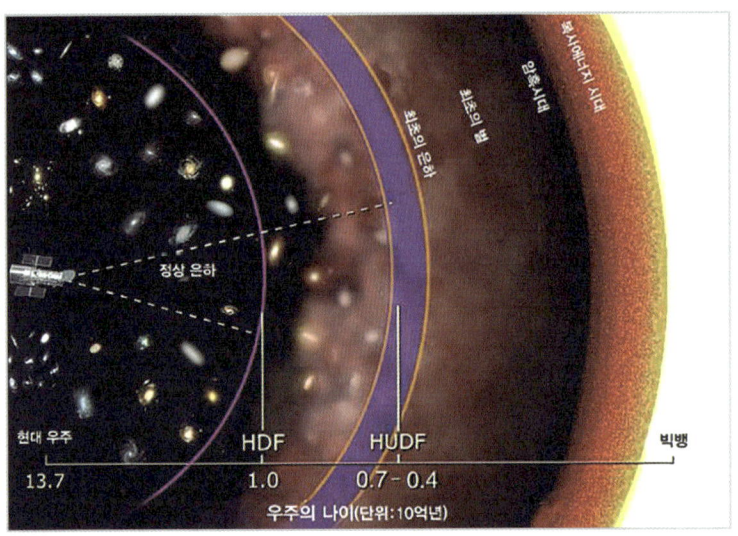

우주의 진화

야 하는데 실제로는 울퉁불퉁한 구조로 되어 있다는 것이 그 반론인 거죠.

아직까지도 **빅뱅 이론이 사실인지 아닌지 정확하게 밝혀내진 못했지만 우주의 신비를 풀기 위한 노력은 끊임없이 계속되고 있어요.**

태양계는 우리은하 수천억 개의 별 중 하나이고, 우리은하는 우주 공간 속 수천억 개의 은하 중 하나예요. 이처럼 광활한 우주의 중심과 끝은 어디인지 아직 아무도 관측해 내지 못했답니다.

문해력 UP

- **빅뱅 이론**: 우주가 태초에 대폭발로 만들어졌다는 이론
- **대폭발**: 물질이 순식간에 터지는 일
- **팽창**: 부피가 늘어나는 현상 〔유의어〕 확장 〔반의어〕 수축
- **은하**: '은빛 강'이라는 뜻의 단어로 우주에 구름 띠처럼 길게 퍼져 있는 수많은 천체의 무리 〔유의어〕 은하수

관련교과	과학 5학년
개념명	태양계와 별

태양계는 무엇일까요?

 태양계란 태양과 태양의 영향을 받는 천체, 그리고 그들이 속한 공간을 말해요. 태양계는 태양과 행성, 위성, 소행성, 혜성 등으로 이루어져 있어요. 태양계의 중심에는 태양이 있고 행성은 태양 주위를 도는 천체로, 지구를 포함한 여덟 개의 행성이 있어요. 태양계 행성에는 수성, 금성, 지구, 화성, 목성, 토성, 천왕성, 해왕성이 있어요. 태양계 행성 중 수성이 태양과 가장 가깝고, 해왕성이 가장 멀어요.

태양계

별과 행성은 어떤 차이가 있을까요?

 밤하늘을 보면 수많은 별이 있어요. 밤하늘에 빛나는 천체가 모두 별일까요? 금성이나 화성과 같은 행성도 별과 같이 빛을 내는 것처럼 보여요. 하지만 행성은 스스로 빛을 내지 못하고 태양의 빛을 반사하는 것이지요. 또한 행성은 태양 주위를 돌기 때문에 지구에서 여러 날 동안 보면 위치가 변하는 것처럼 보여요. 별은 행성에 비해 지구에서 매우 먼 거리에 있어요. 그렇기 때문에 여러 날 동안 보면 움직이지 않는 것처럼 보이지요.

망원경으로 관측한 토성

생각의 힘

행성과 별을 어떻게 구별할 수 있을까요? 태양처럼 스스로 빛을 낼 수 있는 천체를 별 또는 항성이라고 해요. 태양계에서는 태양을 제외하고 그 밖에 행성, 위성, 혜성은 스스로 빛을 내지 못해요. 다만 태양에서 오는 빛을 반사해 우리 눈에 보이는 것이죠. 밤하늘에서 행성과 별을 쉽게 구별할 수 있어요. 일정한 날짜 간격으로 관측하면 별은 위치가 변하지 않지만, 행성은 별자리 위에서 위치가 서서히 변해요. 또한 별은 행성에 비해 거리가 너무 멀기 때문에 아무리 높은 배율의 망원경으로 보아도 점으로 보여요. 그러나 행성은 망원경으로 보면 둥근 형태가 보여요. 별은 별빛이 대기층을 통과할 때 흔들려 깜빡이는 점으로 보이지만, 행성은 일정한 크기를 갖기 때문에 우리 눈에 깜빡거리는 현상이 거의 나타나지 않아요.

행성은 스스로 빛을 내지 못하지만 별은 스스로 빛을 내요.

생명을 가진 지구

　만약 지구가 말할 수 있다면 계속 아프다고 얘기할 거예요. 사람이 만든 **유해** 가스, 폐수, 화학 물질, 쓰레기로 자연환경은 **오염**되고 지구는 서서히 병들어 가고 있어요. 따라서 어떤 이들은 미래에 지구가 너무 더럽혀져 도저히 생물이 살 수 없는 상태가 되거나 아니면 마음 놓고 마실 공기와 물이 없어 인류가 **멸망**할 것이라고 말하기도 해요.

　물론 이런 말이 전혀 근거가 없는 건 아니에요. 한여름에 눈이 내리는가 하면 때아닌 폭우가 내릴 때도 있어요. 또한

온실 효과가 심해져서 지구 온난화로 기온이 해마다 조금씩 올라가고 있으며, 오존층에 구멍이 뚫려 지구의 생명체들이 마음 놓고 숨 쉬는 것이 어려워지고 있거든요.

오염되고 있는 지구

그러나 이러한 현상들을 무색하게 하는 장밋빛 이론도 있어요. 가이아 이론이 바로 그것인데, 가이아란 지구상의 모든 생명과 환경을 포괄적으로 묶어 지구 자체를 하나의 살아 있는 생명체로 파악하는 개념이에요. 즉 **모든 생명체는 다치거나 병에 걸리더라도 대개는 스스로 회복할 수 있는 능력이 있는데, 지구도**

그와 같이 복원하는 능력이 있다는 거예요.

가이아 이론가들은 현재 지구의 생태계가 불안정하지만 결국은 스스로 상처를 회복할 것이라고 주장해요.

가이아란 고대 그리스 신화에 나오는 대지의 여신으로 부드러운 성품을 가지고 있다고 해요. 그러나 자연과 조화롭게 살지 못하는 자들에 대해서는 엄격한 부분도 함께 가지고 있죠. 따라서 가이아야말로 이러한 가설을 설명하기에 더없이 좋은 이름이에요.

지구가 **자체** 조절이 가능하다고 보는 가이아 이론이 처음으로 발표된 것은 1968년으로 미국 우주 비행 협회에 실린 짧은 글이었어요. 이 이론에 윌리엄 골딩이라는 소설가가 가이아란 이름을 붙였고, 1970년대 제임스 러브록이라는 영국의 과학자에 의해 비로소 빛을 보게 되었어요. 러브록은 '우리 인류도 지구의 한 부분으로 더불어 살아가는 방법을 배워야 하며 인간의 모든 존재를 지탱하게 해 주는 물질과 에너지를 겸손한 마음으로 주고받아야 한다.'라면서 생태계를 파괴하는 인류에게 경고를 했어요. 아무리 지구가 **자생** 능력이 있다고 하더라도 오염된 자연을 **정화**하는 데는 한계가 있기 때문이에요.

문해력 UP

- **유해** : 해로움이 있음 반의어 무해, 유익
- **오염** : 유해 물질로 더러워진 상태
- **멸망** : 망하여 없어짐 유의어 몰락
- **온실 효과** : 대기 중의 수증기, 이산화 탄소, 오존 따위가 지표에서 우주 공간으로 향하는 적외선을 대부분 흡수하여 지표의 온도를 비교적 높게 유지하는 작용
- **자체** : 다른 것을 제외한 사물 본래의 몸체 또는 바로 그 본래의 바탕 유의어 본체
- **자생** : 자기 자신의 힘으로 살아감 반의어 타생
- **정화** : 더러운 것을 깨끗이 함 유의어 순화

관련교과	과학 3학년
개념명	지구의 모습

지구의 모양과 지구 표면의 모습은 어떠할까요?

옛날 사람들은 지구의 전체 모양을 알 수 없었어요. 하지만 현재는 우주에서 직접 지구 사진을 찍을 수 있기 때문에 지구 전체 모양을 알 수 있게 되었어요. 우주에서 지구를 찍은 사진을 보면 지구는 둥근 공 모양이라는 것을 알 수 있어요. 지구의 표면에서는 산, 들, 강, 호수, 바다 등 다양한 모습을 볼 수 있어요. 우리나라에서는 보기 어렵지만 세계 여러 곳에서 볼 수 있는 사막, 빙하, 화산 등도 지구 표면의 또 다른 모습이에요.

지구

지구에서 생물이 살기에 알맞은 까닭은 무엇인가요?

지구에서 생물이 살기에 적합한 까닭은 공기가 있고, 생물이 살기에 온도가 알맞으며, 생명을 유지하는 데 꼭 필요한 물이 있기 때문이에요. 반면 달에는 공기가 없고, 생물이 살기에 온도가 알맞지 않으며, 생명을 유지하는 데 꼭 필요한 물이 없기 때문에 생물이 살기 어려워요.

다양한 동물과 식물이 사는 지구

생각의 힘

지구 온난화를 막기 위해서는 어떻게 해야 할까요? 지구에 생물이 존재하는 까닭은 온도가 알맞고, 물과 공기가 있기 때문이에요. 태양과 적당한 거리에 떨어져 있는 지구에는 물이 액체 상태로 존재할 수 있고, 이산화 탄소가 물에 녹아 지구에서 생물이 살기에 적합한 온도를 유지할 수 있어요. 그런데 화석 연료를 많이 사용하면서 이산화 탄소 같은 온실 기체가 지구를 둘러싸면서 대기의 열이 우주 공간으로 빠져나가지 못해 지구 평균 기온이 계속 올라가고 있어요. 이것을 지구 온난화라고 해요. 지구 온난화를 막기 위해서는 석탄, 석유 등의 화석 연료 사용을 줄이고, 바람이나 태양열과 같은 대체 에너지를 적극적으로 개발해 사용하고, 나무를 많이 심어서 이산화 탄소를 흡수하게 함으로써 지구 온난화를 막아 줄 수 있어요.

> 화석 연료가 아닌 대체 에너지를 개발해야 해요.

보호해야 할
두 얼굴의 야누스

　매년 9월 16일은 1994년 유엔에서 정한 세계 오존층 보호의 날이에요. 우리가 보호해야 할 오존은 두 얼굴을 가진 야누스라고도 불리는데, 그 까닭은 오존이 인간 생활에 미치는 **상반**된 모습 때문이에요. 우리에게 이로움을 주는 오존에는 성층권의 오존층과 숲속이나 바닷가에서 만들어지는 오존이 있어요.

　지구 표면에서 약 25킬로미터 위에 위치한 오존층은 해로운 자외선을 차단하고 우리에게 이로운 빛만을 통과시키는 천연

필터와 같은 역할을 해요. 만약 이 **오존층이 사라진다면** 인간은 **피부암이나 백내장과 같은 병에 걸리기 쉽고, 전염병에 대한 저항력마저 잃게 된다고 해요**. 그뿐만 아니라 바다에서는 식물성 **플랑크톤**이 잘 자라지 못하고, 육지에서는 개구리와 같은 동물과 농작물이 피해를 보아요.

예전에는 오존층을 파괴하는 주요 원인으로 프레온 가스라고 불리는 염화 불화 탄소를 꼽았어요. 프레온 가스는 스프레이나 냉장고, 자동차, 에어컨 등에 사용되었는데, 프레온 가스에서 분해되어 나온 염소 원자로 인해 오존층에 구멍이 났다고 해요. 프레온 가스가 오존층을 파괴한다는 것이 알려진 후 현재는 거의 사용되지 않지만, **각종 공기를 오염시키는 물질들이 여전히 오존층을 파괴하고 있어요**. 오존이 1퍼센트 감소하면 자외선의 양이 2퍼센트 증가하게 된다고 해요. 이렇게 우리 지구상에 없어서는 안 될 성층권의 오존층처럼 **바닷가나 숲속에서 생성되는 오존도 사람에게 이로운 물질로 구분이 되어요**. 그래서 숲속에 가면 오존 덕분에 상쾌한 기분을 느낄 수 있지요.

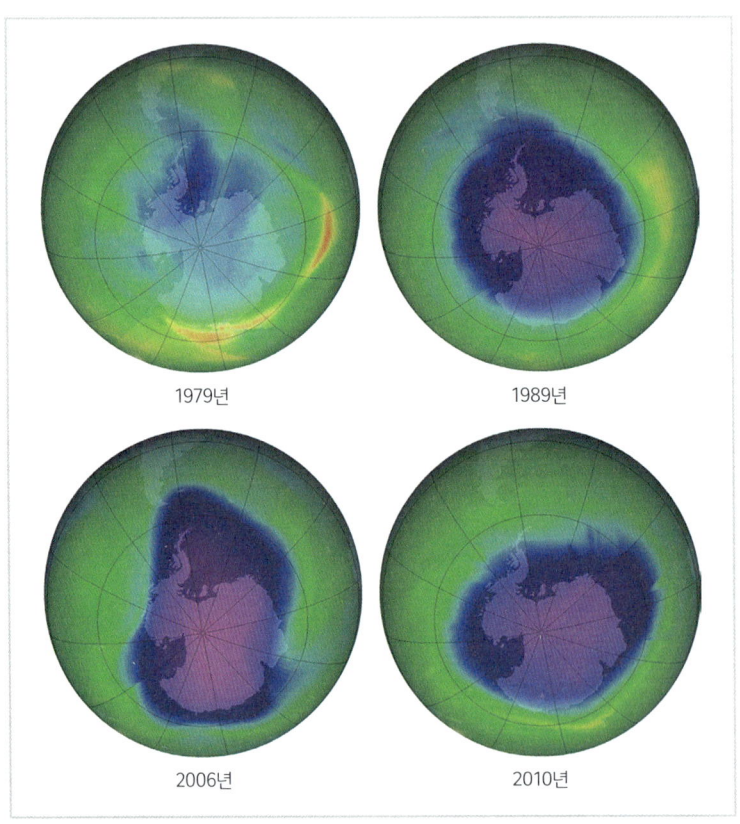

오존층 구멍의 크기 변화

　우리에게 **유용**한 오존이지만 **공해로 발생하는 오존은 인간뿐만 아니라 동식물에게도 나쁜 영향을 줘요**. 공해로 발생하는 오존은 주로 자동차의 **배기가스**가 원인인데, 이 오존은 자연에서 생기는 오존과는 달리 생물에게 매우 해로워요. 오존에 오랫동안 노

출되면 기침이 나오면서, 가슴이 답답해지고, 폐에 **염증**이 생기기도 하며, 심할 경우 기절할 수도 있어요. 그래서 대도시에서 오존 주의보가 내려질 경우에는 되도록 외출하지 않고 자가용보다는 대중교통을 이용하는 것이 바람직해요. 다행히 최근에는 대기를 오염시키는 물질을 줄이기 위한 노력을 하고 있다고 해요. 공해로 발생하는 오존이 많이 줄어들수록 오존층의 구멍도 작아질 수 있어요.

문해력 UP

- **상반**: 서로 반대되거나 어긋남 〈유의어〉 대립, 모순
- **필터**: 액체나 기체 속의 이물질을 걸러 내는 장치
- **플랑크톤**: 물속에서 물결에 따라 떠다니는 작은 생물을 통틀어 이르는 말 〈유의어〉 부유 생물
- **유용**: 쓸모가 있음 〈유의어〉 소용 〈반의어〉 무용
- **배기가스**: 자동차 등에서 불필요하게 나오는 기체
- **염증**: 우리 몸이 다쳤을 때 몸속에서 방어하기 위해 일어나는 작용

관련교과	과학 3학년
개념명	소중한 공기

공기는 어디에 있을까요?

공기는 눈에 보이지 않지만 지구 주위를 둘러싸고 있어요. 공기가 있어서 생물이 숨을 쉬며 살 수 있고, 생물이 살아가기에 알맞은 온도를 유지해 주며, 자외선 등으로부터 우리를 보호하기도 해요. 또 사람들은 공기를 이용하여 열기구를 띄우고, 연을 날릴 수 있어요. 튜브에 공기를 넣어 계곡이나 바다 등에서 물놀이를 즐기기도 해요..

열기구

공기는 어떤 기체로 이루어져 있을까요?

공기의 대부분은 질소와 산소가 차지하지만 이산화 탄소, 네온, 헬륨, 수소도 조금씩 섞여 있어요. 우리는 생활에서 공기를 이루는 기체들을 다양하게 이용해요. 헬륨은 풍선이나 광고 기구를 공중에 띄우는 데 이용되고, 수소는 친환경 연료로 전기를 만드는 데 이용돼요. 네온은 빛을 내는 조명 기구나 전광판에 이용되고, 질소는 식품의 모양이 변하지 않고 신선하게 보관하는 데 이용되지요.

풍선을 하늘에 띄우는 기체로 이용되는 헬륨

공기는 어떤 기체들의 혼합물일까요? 공기는 여러 가지 기체로 이루어진 혼합물이며, 공기의 대부분을 차지하고 있는 것은 질소와 산소예요. 질소는 전체 공기의 약 78.08퍼센트를 차지하고 있고, 그다음으로 산소가 약 20.9퍼센트를 차지하고 있어요. 그 밖에도 아르곤이 약 0.93퍼센트, 이산화 탄소가 약 0.03퍼센트, 네온, 헬륨, 메테인, 크립톤, 수소, 일산화 질소, 제논 등 약 0.06퍼센트 포함되어 있어요.

공기는 여러 가지 기체가 섞여 있는 혼합물이며, 대부분 질소와 산소로 이루어져 있어요.

우연한 발견, 유리

 옛 지중해 연안에 있던 페니키아 지방에는 벨루스라는 강이 있었어요. 이 강가에는 하얗고 고운 모래가 가득 있었는데, 하루는 천연 소다를 가득 실은 배의 선원들이 식사를 하기 위해 강가에 **정박**했어요. 선원들은 배에 실려 있던 천연 소다 덩어리를 가져와 그 위에 냄비를 걸쳐 놓은 후 불을 피웠어요. 그러다가 한 가지 이상한 현상을 발견했어요.
 음식이 끓어오르자 갑자기 냄비 밑으로 뭔가 줄줄 흐르는 것이었지요. 처음에는 냄비에 구멍이 났을 것이라고 생각했는데,

식사를 마치고 냄비가 식은 후에야 비로소 그 밑에 투명한 판이 붙은 걸 발견할 수 있었어요. 그것은 바로 **불의 열로 소다와 모래가 녹아 만들어진 유리였던 거예요.**

오랜 세월에 걸쳐 인류와 함께 발전해 온 유리는 창문 유리라고도 하는 소다유리와 전구나 안경 등을 만드는 납유리 그리고 신호등과 **용접**하는 사람의 **보안경**을 만들 때 쓰는 색유리 등 그 종류가 헤아릴 수 없을 정도로 많아요. 그중에는 물에 녹일 수 있는 물유리가 있는데, 주로 냉동기나 보일러 등 금속이 녹

용접할 때 사용하는 보안경

깨진 자동차의 강화유리

스는 것을 막는 데 쓰이고 있어요. 그 밖에도 우리가 날마다 타고 다니는 자동차의 창을 만드는 데 사용하는 **강화**유리가 있는데, 이 유리를 발명한 사람은 프랑스의 과학자 에두아르 베네딕투스였어요.

그는 어느 날 우연히 자동차 사고를 목격하게 됐는데, 한 여자 승객이 자동차 유리창의 부서진 조각 때문에 크게 다치는 것을 보았어요. 그때 문득 몇 년 전 실험실에서 있었던 일이 머릿속을 스치고 지나갔다고 해요. 플라스크에 **셀룰로이드** 용액을 넣어 한쪽에 놓아두었었는데, 며칠 뒤 실험실을 정리하다가 이 플라스크를 바닥에 떨어뜨리게 됐어요. 그런데 산산조각 날

것이라고 생각했던 플라스크가 이상하게도 풀이 붙은 것처럼 깨어진 채로 그대로 바닥에 놓여 있었지요. 우연히 자동차 사고를 목격한 이후 그는 당시의 상황을 생각하며 **셀룰로이드를 이용해서 강화유리를 만들어 낼 생각을 한 것이에요.**

문해력 UP

- **정박**: 배가 닻을 내리고 머무름 유의어 선박
- **용접**: 두 개의 금속·유리·플라스틱 따위를 녹이거나 반쯤 녹인 상태에서 서로 이어 붙이는 일 유의어 땜질
- **보안경**: 눈을 보호하기 위하여 쓰는 안경
- **강화**: 수준이나 정도를 더 높임 유의어 보강
- **셀룰로이드**: 장난감 등을 만드는 데 쓰이는 플라스틱의 한 종류

관련교과	과학 3학년
개념명	물체와 물질

물체와 물질은 무엇일까요?

우리 주변에는 여러 가지 물체가 있으며 그 물체를 이루는 재료를 물질이라고 해요. 예를 들면 유리로 만든 어항에서 어항은 물체, 물질은 유리가 되지요. 물질에는 금속, 나무, 플라스틱, 고무, 밀가루, 유리, 종이, 섬유, 가죽 등 여러 가지가 있어요. 물질은 각각 고유의 성질을 지니고 있어요. 금속은 광택이 있고 나무나 플라스틱보다 단단해요. 나무는 고유한 향과 무늬가 있고 물에 뜨며 금속보다 가볍지요. 플라스틱은 다양한 모양과 색깔의 물체를 다른 물질보다 쉽게 만들 수 있고 금속보다 가벼워요. 고무는 쉽게 구부러지고 잡아당기면 늘어났다가 놓으면 다시 돌아와요. 유리는 투명하지만 잘 깨지는 성질이 있어요.

고유한 무늬가 있는 나무

물질은 우리 생활에서 어떻게 이용될까요?

물질마다 성질이 서로 다르기 때문에 물체의 쓰임새, 즉 물체의 기능에 알맞은 물질을 선택하여 물체를 만들면 더 편리하게 사용할 수 있어요. 집게를 금속으로 만들면 다른 물질로 만들었을 때보다 단단하기 때문에 많은 종이를 고정할 수 있어요. 플라스틱으로 만든 블록은 가볍고 다양한 모양과 색깔로 만들어 사용할 수 있어요. 고무줄은 잡아당기면 늘어났다가 놓으면 다시 돌아오기 때문에 물체를 쉽게 묶을 수 있어요. 어항을 투명한 유리로 만들면 어항 속 물고기의 모습을 쉽게 볼 수 있지요.

생각의 힘

물질은 어떠한 기준으로 구분될까요? 특정 물질만이 가지는 고유한 성질을 물질의 특성이라고 해요. 그 물질을 다른 물질과 구별할 수 있게 해 주는 성질이지요. 물질의 특성에는 겉보기 성질과 세기 성질이 있어요. 겉보기 성질은 눈, 코, 입, 피부 등의 감각 기관을 이용하여 알아낼 수 있는 성질을 말하며 색깔, 모양, 냄새, 촉감, 굳기, 점성 등이 겉보기 성질에 해당해요. 그러나 겉보기 성질만으로는 물질을 정확히 구별하기 어려운 경우가 있어요. 그 밖에도 물질이 속한 계의 크기나 물질의 양에 관계없이 측정값이 일정한 세기 성질이 있으며 밀도, 끓는점, 녹는점, 어는점, 용해도 등이 속해요. 물질의 양에 비례하는 성질은 크기 성질로 부피, 질량, 길이, 면적 등이 속해요. 크기 성질은 물질의 양에 따라 달라지므로 물질의 특성이 되지는 못해요.

냄새나 굳기 등은 물질의 특성이지만 크기는 물질의 특성이 아니에요.

제4의 물질 상태, 플라스마

플라스마란 용어는 1928년 미국의 과학자 어빙 랭뮤어가 **전기를 흐르게 할 때 생긴 (+)와 (−)의 성질을 가지게 된 기체에 처음 이름을 붙인 거예요**. 물질의 상태는 물질을 이루는 알갱이가 얼마만큼 자유롭게 움직이는가로 설명할 수 있으며, 일반적으로 고체, 액체, 기체의 세 가지 상태로 나눌 수 있어요.

물질을 이루는 알갱이가 단단하게 **결합**되어 있는 얼음(고체)을 가열하면 알갱이들이 점점 쉽게 운동할 수 있는 물(액체)이 되고, 계속 가열하면 알갱이들이 더욱 자유롭게 움직일 수 있는 수증기(기체)가 되는 것이지요. 그런데 이때 다시 아주 **높은 온도로 가열하면 알갱이들이 움직이다가 서로 세게 부딪쳐 알갱이를 이루는 아주 작은 알갱이들이 떨어져 나가 건전지의 (+)극, (−)극 같은 성질을 띠게 되는데, 이것을 제4의 물질 상태인 플라스마**라고 해요.

플라스마는 매우 높은 온도의 기체와 비슷하지만 전기를 띤다는 점에서 달라요. 높은 온도에서 (+)와 (−)의 성질을 갖게 된 기체 상태의 플라스마는 자석처럼 서로 끌어당기거나 밀면서 여

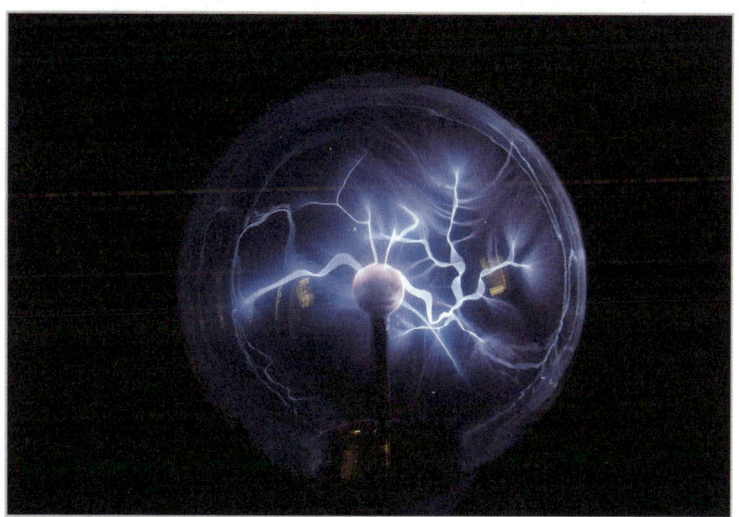

플라스마 램프

러 가지 성질이 나타나게 되지요. 일상생활에서 플라스마를 찾기란 쉽지 않지만 우주 전체를 생각하면 가장 흔한 상태이기도 해요. 우주의 99퍼센트가 플라스마 상태라고 생각될 정도로 별의 내부나 별을 둘러싼 주변의 기체, 별과 별 사이의 공간을 채우고 있는 기체도 플라스마 상태라고 해요. **북극 지방의 오로라 현상도 플라스마 상태에서 발생한 것이에요.**

플라스마에 의해 나타나는 오로라

플라스마 상태를 우리 생활에서 이용하는 예로는 형광등이 있어요. 형광등 안에는 **수은**이 채워져 있는데, 여기에 전기를 흐르게 하면 수은을 이루고 있는 알갱이가 (+)와 (−)의 성질을 띠며 플라스마 상태가 되고 이때 전기가 흐르며 형광등 안쪽에 바른 물질에서 빛이 나는 것이에요. 그리고 밤거리를 번쩍번쩍 빛나게 하는 네온사인도 같은 원리로 플라스마 상태에서 다양한 불빛을 내요. 이외에도 거리의 가로등과 레이저도 플라스마 상태를 이용한 거예요.

플라스마를 이용한 네온사인

문해력 UP

- **결합**: 둘 이상의 사물이나 사람이 서로 관계를 맺어 하나가 됨
  유의어 결속, 연합
- **수은**: 보통의 온도에서 유일하게 액체 상태로 있는 은백색의 금속 원소

관련교과	과학 4학년
개념명	물의 상태 변화

물의 세 가지 상태는 무엇일까요?

우리 주변에 있는 물질은 대부분 고체, 액체, 기체 중 한 가지 상태로 존재해요. 예를 들어 고체인 얼음, 액체인 물, 기체인 수증기의 세 가지 상태가 있으며 서로 다른 상태로 변할 수 있어요. 얼음은 모양이 일정하고 단단해요. 물은 모양이 일정하지 않고 흐르며 손으로 잡을 수 없어요. 수증기는 우리 눈에 잘 보이지 않아요.

물이 얼거나 얼음이 녹을 때 무엇이 변할까요?

액체인 물을 얼리면 고체인 얼음으로 상태가 변해요. 물이 얼음이 되면 부피는 늘어나지만 무게는 변하지 않아요. 고체인 얼음이 녹으면 액체인 물로 상태가 변하고, 얼음이 물이 되면 부피는 줄어들지만 무게는 변하지 않아요. 이때 줄어든 부피는 물이 얼 때에 늘어난 부피와 같아요.

증발과 응결은 무엇일까요?

시간이 지남에 따라 물에 젖은 화장지가 마르거나 컵에 담긴 물이 줄어드는 까닭은 물이 수증기로 변해 공기 중으로 날아갔기 때문이에요. 이처럼 액체인 물이 기체인 수증기로 상태가 변하는 현상을 증발이라고 해요.

차가운 물이 든 컵을 식탁 위에 올려놓으면 컵 표면에 물방울이 맺혀요. 컵 표면에 맺힌 물방울은 공기 중에 있던 수증기가 변한 것이에요. 이처럼 기체인 수증기가 액체인 물로 상태가 변하는 것을 응결이라고 해요.

차가운 컵 표면에 맺힌 물방울(응결)

생각의 힘

물질의 상태가 다른 상태로 변화하는 것을 무엇이라고 할까요? 고체를 가열하면 액체, 액체를 가열하면 기체가 돼요. 그리고 기체를 냉각시키면 액체, 액체를 냉각시키면 고체가 되지요. 이처럼 물질의 상태가 변하는 것을 '상태 변화'라고 해요. 상태 변화에는 융해, 응고, 기화, 액화, 승화가 있어요. 융해는 고체가 액체로 변하는 현상, 응고는 액체가 고체로 변하는 현상, 기화는 액체가 기체로 변하는 현상, 액화는 기체가 액체로 변하는 현상, 승화는 고체가 액체를 거치지 않고 기체로 변하는 현상과 기체가 액체를 거치지 않고 고체로 변하는 현상을 말해요.

물질은 고체, 액체, 기체 중 한 가지 상태로 존재하며 상태가 변할 수 있어요.

우유 맛을 변하게 하는 전기 현상

   여름 장마가 시작되면 많은 비와 함께 천둥과 번개가 치곤 해요. 번개의 위력은 대단해서 나무에 맞으면 불이 붙어 타 버리고, 건물에 맞으면 건물이 부서지거나 무너지며, 사람이 맞으면 크게 다치게 돼요. 1769년 이탈리아 브레시아의 무기 공장에 번개가 내리쳐 보관 중이던 화약이 폭발하며 약 3천 명이 죽는 사건도 일어났어요. 두꺼운 비구름에 따라오는 번개, 천둥 등의 자연 현상은 어떻게 발생하는 것일까요?

   한마디로 말하면 **번개와 천둥은 전기 때문에 일어나요**. 전기에는 양전기(+)와 음전기(-)가 있는데, 이 두 전기는 서로 밀거나 끌어당기는 성질을 가지고 있어요. 자연히 전기량이 많고 가까울수록 그 힘이 세져요. 이때 전기의 양이 계속 많아지다가, 전기가 한꺼번에 흐르면서 빛과 소리가 나며 번개와 천둥이 되는 것이에요. 때때로 이런 현상은 구름 사이에서뿐만 아니라 구름과 땅 사이에서도 일어나는데 이것을 벼락이라고 해요.

번개와 천둥이 전기에 의한 현상이라고 생각했던 미국의 과학자 벤저민 프랭클린은 실험으로 이를 확인했어요. 그는 번개가 칠 것 같은 날에 가는 철사를 매단 연을 날려 연줄을 통해 전기를 모으는 실험을 했어요. 결국 번개가 전기로 인해 생긴 현상이라는

벼락

미국 화폐에 그려진 벤저민 프랭클린

사실을 알아냈고, 이 연구 결과를 이용해 벼락의 피해를 막기 위한 **피뢰침**도 발명하였어요.

소리보다 빛이 빠르므로 번개가 치고 나면 몇 초 후에 천둥소리가 들려요. 그래서 번개가 친 후 천둥소리가 들리기까지의 시간을 계산하면 번개의 위치를 알아낼 수 있어요. 또한 천둥이 치면 우유 맛이 변한다는 재밌는 얘기도 있어요. 특히 여름에 치는 천둥이 그렇다고 해요. 천둥은 비가 올 때 치는데, 비가 올 때는 공기 중에 수증기가 많아서 **습도**가 높아요. 습도가 높으면 우유가 상하기 쉬워요. 이러한 이유로 천둥이 치면 우유 맛이 변한다는 말이 생겨난 것이지요. 하지만 천둥 때문에 실제로 우유 맛이 변하지는 않아요.

번개는 대단히 강력한 힘을 가졌어요. 번개가 번쩍하는 순간에 무려 1억 **볼트** 이상의 강한 전기가 발생해요. 과학자들은 실험을 통해 번개에서 발생한 전기를 생활에 이용하는 방법을 연구하고 있어요. 하지만 아직 그 방법을 찾지 못했지요. 만약 이 실험이 성공한다면 미래의 에너지 문제를 해결할 수 있을지도 모른답니다.

문해력 UP

- **피뢰침** : 벼락의 피해를 막기 위하여 건물의 가장 높은 곳에 세우는 끝이 뾰족한 금속으로 만든 막대기
- **습도** : 공기 중에 수증기가 포함되어 있는 정도
- **볼트** : 전기의 단위

관련교과	과학 6학년
개념명	전구에 불을 켜는 조건

전구에 불이 켜지는 조건에는 무엇이 있을까요?

전지, 전선, 전구와 같은 전기 부품을 연결하여 전기가 흐를 수 있도록 만든 것을 전기 회로라고 해요. 우리 주위에는 철이나 구리와 같이 전기가 잘 흐르는 물체가 있고 나무나 고무, 유리와 같이 전기가 잘 흐르지 않는 물체가 있어요. 전기 부품은 전기가 잘 흐르는 부분과 전기가 잘 흐르지 않는 부분으로 이루어져 있으며, 전기가 잘 흐르는 부분끼리 연결되었을 때 전기 회로에 전기가 흘러요. 전구에 불이 켜지기 위해서는 전지, 전선, 전구의 전기가 잘 흐르는 부분끼리 끊어지지 않고 연결되어야 해요.

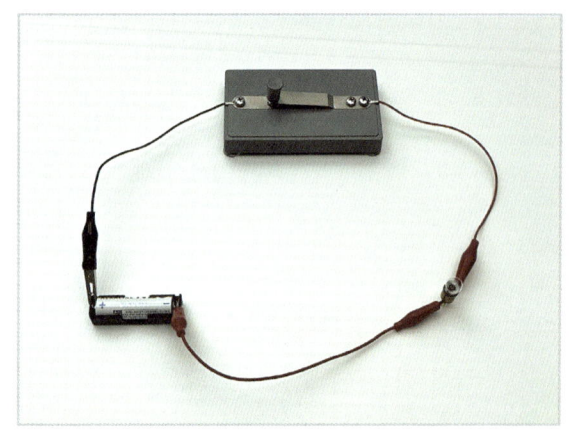

전기 회로

전기를 안전하게 사용하려면 어떻게 해야 할까요?

전기 제품을 콘센트와 분리할 때는 머리 부분을 잡고 빼야 안전해요. 한 개의 콘센트에 허용된 용량을 초과하여 여러 개의 전기 제품을 연결해 사용하지 않아야 하며, 전선에 걸려 넘어지지 않도록 전선을 한쪽으로 정리해 놓거나 전기 제품을 적당한 거리에서 사용해야 해요. 또한 물 묻은 손으로 전기 제품을 만지면 감전될 수 있으므로 절대 물 묻은 손으로 전기 제품을 만지지 않아야 해요.

생각의 힘

전기로 인한 화재는 어떻게 예방할 수 있을까요? 전기로 인한 화재는 전기 기구나 전원에 허용된 것보다 센 전류가 흘러서 발생한 열이 원인인 경우가 많아요. 이를 예방하기 위해 전기 기구에 퓨즈를 설치해요. 퓨즈는 높은 온도에서 쉽게 녹는 금속으로 만들었기 때문에 전기 기구에 너무 센 전류가 흘러서 온도가 높아지면 다른 전기 부품보다 퓨즈가 먼저 끊어져 전류를 흐르지 않게 하며 화재를 예방해요. 과전류 차단 장치는 센 전류가 흐를 때 자동으로 스위치를 열어 전류를 끊어 줘요. 가정의 과전류 차단 장치는 집 밖에서 들어오는 전류가 너무 세거나 집 안에 누전이 생길 때 가정의 전기 시설을 보호해요.

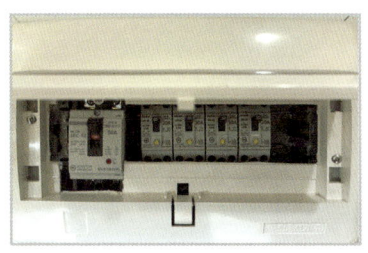

과전류 차단 장치

전기로 인한 화재를 예방하기 위해서 퓨즈와 과전류 차단 장치를 사용해요.

찰흙 속의 은

 프랑스의 황제였던 나폴레옹 3세는 어느 날 신하들에게 명령을 내렸어요. 그것은 다름 아닌 황금이나 보석보다 더 귀한 재료로 새 왕관을 만들어 오라는 것이었지요. 얼마 뒤 신하들은 멋진 왕관 하나를 나폴레옹에게 바쳤는데, 그는 흡족한 듯 날마다 새 왕관을 쓰고 신하들로부터 아침 인사를 받았다고 해요. 나폴레옹의 마음을 사로잡은 이 왕관은 무엇으로 만들어졌을까요?

 믿기 어렵겠지만 나폴레옹의 새 왕관은 바로 알루미늄으로 만든 왕관이었어요. 알루미늄은 19세기 초에 이르러서야 화학자들에 의해 만들어지기 시작했어요. 지구상에 있는 철의 양보다 60퍼센트나 더 많은 알루미늄이 이렇게 늦게 발견된 것은 특유의 성질 때문이에요. 알루미늄은 산소와 단단히 결합되어 있어서, 산소를 떼고 순수한 알루미늄만 분리해 내기가 매우 어려웠거든요.

1827년 독일의 화학자 프리드리히 뷜러는 알루미늄이 철보다 3분의 1 정도 가볍다는 사실을 알아냈어요. 그 뒤를 이어 **프랑스의 과학자 앙리 생트클레르 드빌이 찰흙에서 알루미늄을 분리하는 방법을 개발했는데, 그는 알루미늄으로 된 은백색의 칼과 포크를 만들어 1855년 파리 세계 박람회에 출품하기도 했어요**. 그가 '찰흙 속의 은'이라고 소개한 세품들은 사람들의 큰 관심을 모았으나, 그 당시에는 알루미늄이 은보다 비싸서 귀족들만 가질 수 있었어요.

알루미늄을 생활에 유용하게 쓸 수 있게 한 사람은 미국의 화학자 찰스 마틴 홀이었어요. 당시 화학과 학생이었던 홀은 교수에게 값싼 **알루미늄을 만들 방법의 필요성을 전해 듣고는 여러 번 실패를 거듭한 끝에 전기를 이용해 알루미늄을 만드는 방법을 찾아냈어요**. 그가 세상을 떠나자 사람들은 알루미늄을 누구나 쉽게 이용할 수 있도록 노력했던 그의 뜻을 기려 **청동**이 아닌 알루미늄으로 동상을 세웠다고 해요.

워싱턴 기념비 상단의 알루미늄 피라미드

알루미늄은 창틀, 문손잡이, 자전거 바퀴, 주전자, 식기, 비행기 등 일상생활에서 쓰이지 않는 곳이 없어요. 인공위성과 우주선은 발사 비용을 줄이기 위해 보다 가볍고 단단한 알루미늄 **합금**으로 만들어요. 인류 최초로 달에 착륙한 아폴로 우주선도 주로 알루미늄을 사용해 만들었어요. 또한 은백색의 알루미늄은 은보다 빛을 반사하는 능력이 뛰어나 인체에 해로운 빛이 강한 우주 공간에서 유용하게 쓰인다고 해요. 따라서 우주 비행사들은 알루미늄을 얇게 칠한 섬유로 만들어진 우주복을 입어요. 알루미늄도 철처럼 녹이 슬어요. 하지만 녹이 슬면 검붉은 가루가 일어나는 철과는 달리, 알루미늄은 표면에 단단한 막이 형성되어 부식을 막아 줘요. 그래서 알루미늄의 녹에 색깔을 물들여 황금색 만년필 뚜껑, 여러 색깔의 금속 단추 등을 만들기도 해요. 최근에는 알루미늄을 이용해 사진기, 스마트폰 케이스, 가방 등을 만들기도 한답니다.

알루미늄을 이용해 만든 사진기와 스마트폰

문해력 UP

- **청동** : 구리와 주석을 섞어서 만든 금속
- **합금** : 하나의 금속에 성질이 다른 하나 이상의 금속이나 금속이 아닌 물질을 섞어서 녹여 새로운 성질의 금속을 만드는 것

관련교과	과학 4학년
개념명	혼합물의 분리

혼합물을 분리하는 까닭은 무엇일까요?

 아이들이 좋아하는 사탕을 만들기 위해서는 먼저 사탕수수에서 순수한 설탕을 분리해야 해요. 그리고 설탕에 여러 가지 물질을 섞어 다양한 종류의 사탕을 만들어요. 또 금을 이용해 반지, 목걸이, 금메달 등을 만들기 위해서는 먼저 암석에서 순수한 금을 분리해야 해요. 혼합물은 두 가지 이상의 물질이 자신의 성질을 그대로 유지한 상태로 섞이는 것을 말해요. 사탕수수, 암석 등이 혼합물에 해당하지요. 이러한 혼합물에서 설탕, 금과 같은 순수한 물질을 분리해 원하는 물질을 얻고 이를 우리 생활의 필요한 곳에 이용할 수 있어요.

혼합물을 분리하는 방법에는 어떤 것이 있을까요?

 알갱이의 크기가 다른 고체 혼합물을 분리할 때는 눈 크기가 다양한 체를 이용해요. 체의 눈보다 작은 고체는 아래로 빠져나가고 큰 고체는 체 위에 남게 되는 것이에요. 넓은 모래사장에서 쓰레기를 분리할 때도 이런 체를 이용해요. 혼합물에서 철로 된 물질을 분리할 때는 자석을 사용하면 편리해요. 소금과 좁쌀의 혼합물을 분리할 때는 소금이 물에 녹는 성질을 이용하면 쉽게 분리할 수 있어요. 소금과 좁쌀의 혼합물을 물에 녹인 후 거르면 좁쌀을 쉽게 분

리할 수 있거든요. 이때 남은 소금물을 끓이면 소금도 얻을 수 있어요. 바닷물을 염전에 가두어서 물을 증발시키는 것과 같은 원리예요.

혼합물의 분리를 이용해 소금을 얻는 염전

생각의 힘

혼합물은 어떻게 구분할 수 있을까요? 혼합물은 각각의 성분 물질이 균일하게 섞여 있는가 아닌가에 따라서 균일 혼합물과 불균일 혼합물로 나눌 수 있어요. 균일 혼합물은 혼합물의 어느 부분을 선택해도 그 성질과 성분이 같아요. 소금을 물에 녹이면 소금 알갱이는 물에 고르게 퍼져 알갱이가 보이지 않게 되어요. 그대로 두어도 소금과 물로 분리되지 않으며 마치 전체가 하나의 물질인 것처럼 보여요. 하지만 흙탕물은 물과 흙이 고르게 섞여 있지 않으며 시간이 지나면 흙이 가라앉아요. 공기, 식초, 소금물, 바닷물 등은 균일 혼합물이고 우유, 암석, 혈액, 흙탕물 등은 불균일 혼합물이랍니다.

물에 넣고 섞었을 때 가라앉는 물질이 있으면 불균일 혼합물이에요.

에디슨 보다 한발 앞선 과학자, 니콜라 테슬라

시대를 너무 앞서간 탓에 빛을 보지 못하고 미치광이로 오해받았던 인물이 있어요. 여러분이 자동차 브랜드로 잘 알고 있는 테슬라예요.

니콜라 테슬라는 에디슨에 필적하는 과학 업적을 남겼지만 생전에 인정받지 못한 불운의 인물이자 과학사를 100년 이상 앞당긴 인물이기도 해요.

1856년에 태어난 그는 어릴 때부터 수차를 발명하고 주변인들에게 나이아가라 폭포에서 에너지를 얻는 계획을 설명할 만큼 과학 분야에 뛰어난 소질을 보였어요. 성인이 된 테슬라는 파리에 있는 에디슨의 유럽 지사에서 전기 기술자로 근무했는데, **자신의 교류 전기 기술의 이론을 인정받기 위해 1884년 미국으로 건너가 에디슨의 조수가 되었지요. 하지만 에디슨이 직류 방식을 고집하자 그와 결별하고 독자적인 연구 끝에 교류 송배전 시스템을 완성했어요.** 그의 교류 전기 기술은 먼 거리까지 전기를 공급할 수 있어 많은 사람에게 혜택을 주었어요.

니콜라 테슬라

그는 전기 에너지를 힘으로 바꾸는 모터나 지진 발생기 등 당시로서는 파격적인 발명품을 만들었어요. 35세에 만든 '테슬라 코일'은 고압 전원을 만들 때 쓰였는데, 이를 이용해 처음으로 길이가 40미터 정도 되는 인공 번개까지 만들었다고 해요.

지금까지도 테슬라 외에 큰 규모의 인공 번개를 만든 사람은 없다고 해요. 이 코일은 고압 전원뿐만 아니라 오늘날의 통신 기술 발전에도 크게 기여했지요. 게다가 무선 에너지 전송 기술을 연구하고 레이더의 기본 원리도 이미 알고 있었다고 해요.

그는 전 생애에 걸쳐 이뤄 낸 발명품들을 대부분 자신의 손으로 없애 버렸어요. 왜냐하면 자신의 의도와 달리 사람을 살상하는데 사용된다거나 소수 사람들의 이익을 위해 사용되는 것을 우려했던 거죠. 세계 곳곳으로 통신을 가능하게 하며 다른 행성에 있는 생명체와 소통하는 것이 꿈이었던 **니콜라 테슬라는 단순한 천재 과학자가 아니라 평화주의자의 소신을 지키는 과학자였어요.**

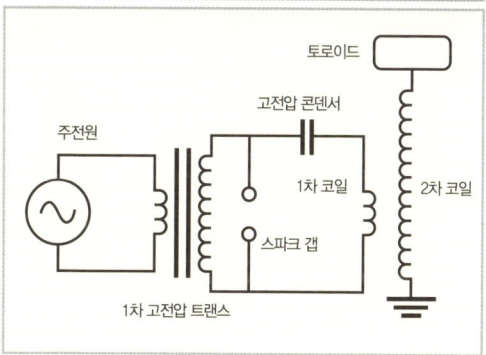

테슬라 코일

문해력 UP

- **필적**: 능력이나 세력이 비슷하여 서로 맞서는 것 유의어 병견, 비견
- **직류**: 시간이 지나도 전류의 크기와 방향이 변하지 아니하는 전류
- **교류**: 시간에 따라 크기와 방향이 주기적으로 바뀌어 흐르는 전류
- **소신**: 굳게 믿고 있는 생각 유의어 견해, 신념

관련교과	과학 6학년
개념명	전기의 이용

전지의 연결 방법에 따라 전구의 밝기가 달라질까요?

전기 회로에 전지 1개를 연결할 때보다 전지 2개를 서로 다른 극끼리 한 줄로 연결할 때 전구의 밝기가 더 밝아요. 물론 전지 2개보다 3개, 3개보다 4개를 서로 다른 극끼리 한 줄로 연결하면 할수록 전구의 밝기가 점점 더 밝아지지요. 그렇다면 전지의 개수가 같을 때 전구의 밝기도 같을까요? 꼭 그렇지는 않아요. 전기 회로에서 전지를 연결하는 방법에 따라 전구의 밝기는 달라져요.

전기 회로에서 전지 2개 이상을 서로 다른 극끼리 연결하는 방법을 전지의 직렬연결이라고 해요. 또 전지 2개 이상을 서로 같은 극끼리 연결하는 방법을 전지의 병렬연결이라고 하지요. 전지의 개수가 같다면 전지를 직렬연결 했을 때가 병렬연결 했을 때보다 전구의 밝기가 더 밝아요.

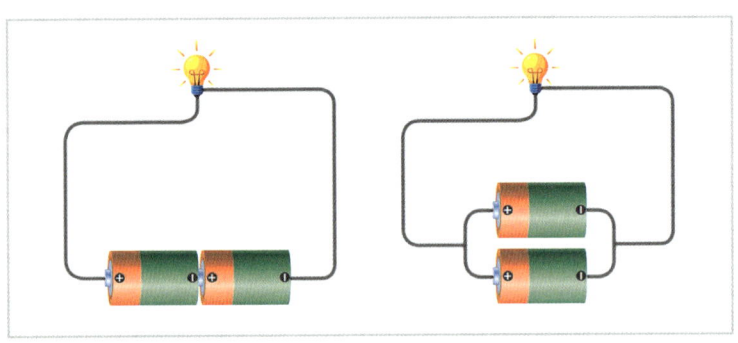

전지의 직렬연결   전지의 병렬연결

우리 가정에 들어오는 전기가 교류인 이유는 무엇일까요?

TV, 냉장고, 충전기 등 콘센트를 통해 가정에 들어오는 전기는 교류예요. 직류는 전기의 세기나 방향이 일정해서 안정적인 장점이 있지만 먼 거리까지 전기를 보내기 어려워요. 반면 교류는 전기의 세기와 방향이 주기적으로 바뀌고, 전기의 세기도 높일 수 있어요. 발전소에서 각 가정까지 전선을 통해 전기를 보내는데, 교류를 사용하면 전기의 손실이 없이 먼 곳까지 보낼 수 있어요.

생각의 힘

발명가 니콜라 테슬라와 이름이 똑같은 미국의 전기 자동차 회사인 테슬라를 아나요? 테슬라는 2010년대 이후로 전기 자동차 외에도 전기차 충전 인프라, 로봇, 자율 주행, 재생 에너지 등 분야를 확장하며 '지속 가능한 에너지로 전환'의 달성을 도모하는 회사예요. 창업주는 일론 머스크로 스페이스X, X(SNS)를 필두로 기업을 경영하고 있죠. 스페이스X는 2002년 5월 6일 설립한 미국의 우주 탐사 기업이에요. 발사체, 우주선, 소형 인공위성 등을 제조하여 페이로드 발사 대행, 위성 인터넷 등의 사업을 꾸려 나가고 있어요. 또한 세계 최초의 상용 우주선 발사, 세계 최초의 궤도 발사체 수직 이착륙, 세계 최초의 궤도 발사체 재활용, 세계 최초의 민간 우주 비행사의 국제 우주 정거장 도킹 등 혁신적인 업적들을 달성하며 21세기 인류의 우주 개발을 주도하고 있어요.

미국 전기차 제조 업체인 테슬라는 니콜라 테슬라의 이름에서 따왔어요.

 어휘 찾아보기

	유사어	반의어

ㄱ

감지 느끼어 아는 것 — 감각, 인식, 지각

강화 수준이나 정도를 더 높임 — 보강

개업 영업을 처음 시작함

건조 말라서 물기가 없는 것

결합 둘 이상의 사물이나 사람이 서로 관계를 맺어 하나가 됨 — 결속, 연합

결핵 호흡하는 기관을 통해 결핵균이 몸속으로 들어와 걸리는 병으로, 폐가 상해 기침을 통해 피가 나오기도 함

고기압 주위보다 상대적으로 기압이 높은 곳 — 저기압

고분 옛 시대에 만들어진 무덤 — 무덤

고안 연구하여 새로운 안을 생각해 내는 것 — 궁리, 개발, 발명

공감 남의 감정, 의견, 주장 따위에 대하여 자기도 그렇다고 느끼거나 그렇게 느끼는 기분 — 동감, 동조

교류 시간에 따라 크기와 방향이 주기적으로 바뀌어 흐르는 전류

교정 틀어지거나 잘못된 것을 바로잡음

금줄 부정한 것의 침범이나 접근을 막기 위하여 문이나 길 어귀에 건너질러 매거나 신성한 대상물에 매는 새끼줄

	유사어	반의어
기원전 예수가 태어나기 이전의 시대		기원후
내장 동물들의 몸속에 있는 여러 가지 기관	오장	
냉각 식혀서 차게 함		가열
대폭발 물질이 순식간에 터지는 일		
덕 남을 넓게 이해하고 받아들이는 마음이나 행동	도덕, 업적, 은혜	탓
멸망 망하여 없어짐	몰락	
문헌비고 조선 영조 때 제도와 문물을 16개 분야로 나누어 연대순으로 정리한 백과사전과 같은 책		
미생물 맨눈으로 볼 수 없는 아주 작은 생물		
밑동 나무줄기에서 뿌리에 가까운 부분		
박테리아 생물체 가운데 가장 작고, 가장 아래 등급에 속하는 한 개의 세포로 이루어진 생물	균, 세균	
발효 산소 없이 물질을 분해하는 과정에서 우리 몸에 이로운 물질을 만드는 것		
배기가스 자동차 등에서 불필요하게 나오는 기체		
번식 생물이 자기 자손을 늘리고 유지하는 현상		
보안경 눈을 보호하기 위하여 쓰는 안경		
볼트 전기의 단위		
빅뱅 이론 우주가 태초에 대폭발로 만들어졌다는 이론		

어휘 찾아보기

	유사어	반의어

ㅅ

산모 아기를 갓 낳은 여자 — 산부

삼한사온 겨울철에 추운 날씨가 3일간 계속되다가 이후 따뜻한 날씨가 4일가량 계속되는 주기적인 현상

상반 서로 반대되거나 어긋남 — 대립, 모순

서식 생물 따위가 일정한 지역에 자리를 잡고 사는 것 — 서숙

서식처 동물이 보금자리를 만들어 사는 곳 — 서식지

선사 시대 기록이 남아 있지 않을 정도로 오래된 시대로, 석기 시대와 청동기 시대 — 역사 시대

선심 선량한 마음 — 악심

세균 현미경으로 관찰할 수 있는 아주 작은 생물 — 박테리아

세포 생물체를 이루는 기본 단위

셀룰로이드 장난감 등을 만드는 데 쓰이는 플라스틱의 한 종류

소신 굳게 믿고 있는 생각 — 견해, 신념

수은 보통의 온도에서 유일하게 액체 상태로 있는 은백색의 금속 원소

수확 익은 농작물을 거두어들이는 것

습도 공기 중에 수증기가 포함되어 있는 정도

	유사어	반의어

시력 물체를 보는 눈의 능력

시판 '시중 판매'를 줄여서 사용하는 말 　　　　판매

야생 동물 산이나 들에서 저절로 나서 자라는 동물 　　　　　　가축

여우비 해가 떠 있는 날 잠깐 오다가 그치는 비

염증 우리 몸이 다쳤을 때 몸속에서 방어하기 위해 일어나는 작용

오염 유해 물질로 더러워진 상태

오존층 태양에서 오는 해로운 빛을 막는 성질이 있는 오존이라는 기체가 많이 있는 공기층

온실 효과 대기 중의 수증기, 이산화 탄소, 오존 따위가 지표에서 우주 공간으로 향하는 적외선을 대부분 흡수하여 지표의 온도를 비교적 높게 유지하는 작용

용접 두 개의 금속·유리·플라스틱 따위를 녹이거나 반쯤 녹인 상태에서 서로 이어 붙이는 일 　　땜질

우주 조약 달이나 그 밖의 천체를 포함한 우주 공간의 탐사 및 이용에 관한 조약으로, 국제 연합 총회에서 달이나 그 밖의 천체에 핵무기나 군사 기지를 설치할 수 없고 평화적으로 이용할 것을 약속함

유용 쓸모가 있음 　　　　　　　　소용　　　무용

어휘 찾아보기

		유사어	반의어
ㅇ	**유해** 해로움이 있음		무해, 유익
	은하 '은빛 강'이라는 뜻의 단어로 우주에 구름 띠처럼 길게 퍼져 있는 수많은 천체의 무리	은하수	
	응결 기체가 액체로 상태가 변하는 현상		증발
	의사 교환 무엇을 하고자 하는 생각을 서로 주고받는 것		
ㅈ	**자생** 자기 자신의 힘으로 살아감		타생
	자체 다른 것을 제외한 사물 본래의 몸체 또는 바로 그 본래의 바탕	본체	
	저기압 대기 중에서 높이가 같은 주위보다 기압이 낮은 영역		고기압
	저온 현상 기온이 다른 해보다 유난히 낮게 나타나는 현상	이상 저온	
	점액 끈끈한 성질이 있는 액체	끈끈액, 진	
	정박 배가 닻을 내리고 머무름	선박	
	정화 더러운 것을 깨끗이 함	순화	
	증발 어떤 물질이 액체 상태에서 기체로 변하는 현상		응결
	직류 시간이 지나도 전류의 크기와 방향이 변하지 아니하는 전류		

	유사어	반의어

천재지변 지진, 홍수 등과 같은 자연의 급격한 변화로 인해 지구에 닥친 재앙 — 재난

천체 우주에 존재하는 모든 물체 — 우주, 천문

청동 구리와 주석을 섞어서 만든 금속

축 수레바퀴의 한가운데에 뚫린 구멍에 끼우는 긴 나무 막대나 쇠막대

충혈 몸의 일부분에 피가 많이 모이는 현상

컴프레서 공기나 그 밖의 기체를 압축하는 기계 — 공기 압축기

탄저병 탄저균을 가지고 있는 동물을 익히지 않고 먹는 과정에서 걸리는 가렵고 물집이 생기는 병

탐사 알려지지 않은 사물이나 사실 따위를 샅샅이 더듬어 조사하는 것 — 조사, 사탐

태아 태어나기 전 어미의 뱃속에서 자라고 있는 어린 생명 — 복아

투박 생김새가 볼품없이 둔하고 튼튼하기만 함 — / 세련

팽창 부피가 늘어나는 현상 — 확장 / 수축

포유류 소, 개, 사슴, 사자처럼 새끼를 낳고 젖을 먹여 키우는 동물 — 젖먹이동물

플랑크톤 물속에서 물결에 따라 떠다니는 작은 생물을 통틀어 이르는 말 — 부유 생물

 어휘 찾아보기

		유사어	반의어

ㅍ

피뢰침 벼락의 피해를 막기 위하여 건물의 가장 높은 곳에 세우는 끝이 뾰족한 금속으로 만든 막대기

필적 능력이나 세력이 비슷하여 서로 맞서는 것 　병견, 비견

필터 액체나 기체 속의 이물질을 걸러 내는 장치

ㅎ

한정 수량이나 범위 따위를 제한하여 정함 　국한

합금 하나의 금속에 성질이 다른 하나 이상의 금속이나 금속이 아닌 물질을 섞어서 녹여 새로운 성질의 금속을 만드는 것

해역 바다 위의 일정한 구역

해초 바다에 나는 식물을 통틀어 이르는 말

행성 스스로 빛을 내지 못하고 중심에 있는 별 주위를 도는 천체 　떠돌이별

협정 서로 의논하여 결정하는 것 　결의, 조약, 협약

호기 씩씩하고 작은 일에 거리낌이 없는 기 　객기, 만용

환청 실제로 나지 않는 소리가 마치 들리는 것처럼 느껴지는 현상

환태평양 지진대 태평양을 고리(환) 모양으로 둘러싼 곳으로, 지진이 자주 일어나는 지역

활자 네모 기둥 모양의 금속 윗면에 문자나 기호를 볼록 튀어나오게 새긴 것 　문자

읽으면 똑똑해지는 지식교양 시리즈 ❶
초등학생을 위한 박학다식 이야기
과학

초판 1쇄 발행	2024년 1월 22일
초판 2쇄 발행	2024년 6월 1일
지은이	좋은생각 편집부, 윤용석
감수	황신영
펴낸이	허대우
도서기획	도건홍
책임편집	빅포레스팅
디자인	design S
사업본부 이사	도건홍
영업·마케팅	김은석, 이정은, 한혜인, 김경언
경영지원	채희승, 안보람, 황정웅
제작	갑우문화사
펴낸곳	㈜좋은생각사람들
주소	서울시 마포구 월드컵북로22 영준빌딩 2층
이메일	book@positive.co.kr
출판등록	2004년 8월 4일 제2004-000184호

979-11-93300-10-7 (74030)
979-11-93300-09-1 (세트)

- 책값은 뒤표지에 표시되어 있습니다.
- 이 책의 내용을 재사용하려면 반드시 저작권자와 (주)좋은생각사람들 양측의 서면 동의를 받아야 합니다.
- 잘못 만들어진 책은 구입하신 곳에서 바꿔 드립니다.

좋은생각은 긍정, 희망, 사랑, 위로, 즐거움을 불어넣는 책을 만듭니다.
 positivebook_insta   www.positive.co.kr